8° V
46467

MINISTÈRE DE LA GUERRE

ARTILLERIE

INSTRUCTION
SUR
L'ENTRETIEN ET LA VISITE
EN TEMPS DE PAIX
DU MATÉRIEL DE PROTECTION
CONTRE LES GAZ DE COMBAT

(APPROUVÉE LE 18 JUIN 1925)

PARIS
IMPRIMERIE NATIONALE

1925

INSTRUCTION

SUR

L'ENTRETIEN ET LA VISITE

EN TEMPS DE PAIX

DU MATÉRIEL DE PROTECTION

CONTRE LES GAZ DE COMBAT

(APPROUVÉE LE 18 JUIN 1925)

8° V
46467

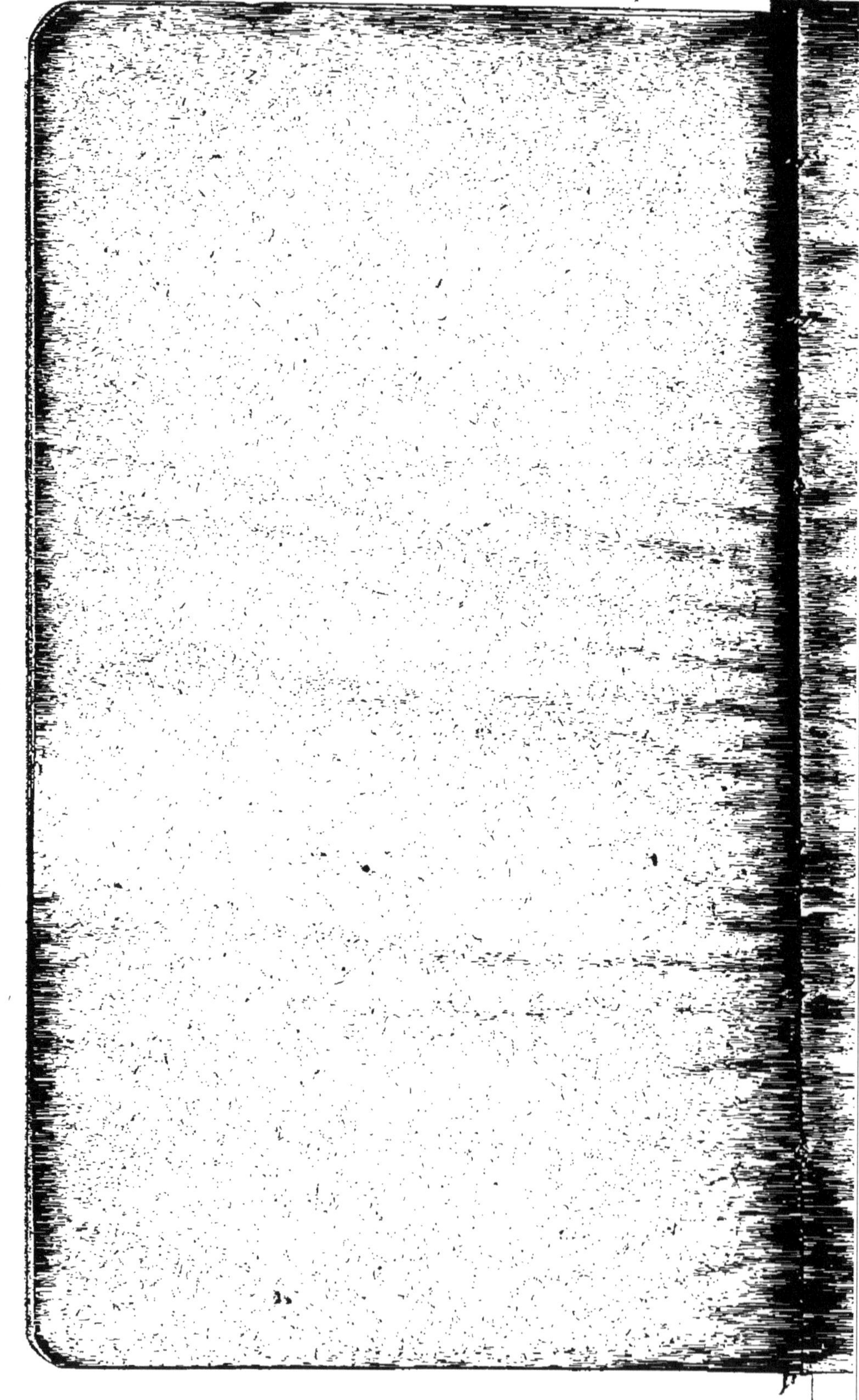

MINISTÈRE DE LA GUERRE

ARTILLERIE

INSTRUCTION

SUR

L'ENTRETIEN ET LA VISITE

EN TEMPS DE PAIX

DU MATÉRIEL DE PROTECTION

CONTRE LES GAZ DE COMBAT

(APPROUVÉE LE 18 JUIN 1925.)

BIBLIOTHÈQUE NATIONALE RF IMPRIMÉS

PARIS
IMPRIMERIE NATIONALE

1925

TABLE DES MATIÈRES.

Pages.

Avant-propos 11

PREMIÈRE PARTIE.

TITRE I.

ORGANISATION GÉNÉRALE DU SERVICE.

CHAPITRE UNIQUE.

Autorités et personnel chargés de la surveillance et de l'entretien du matériel de protection.

a) *Corps de troupe.*

Article 1er. — Responsabilité et surveillance 15
Article 2. — Comptabilité 16
Article 3. — Atelier du 1er degré 16
Article 4. — Officier Z du corps 17

b) *Parcs d'artillerie.*

Article 5. — Parcs pourvus seulement d'un atelier du 1er degré ... 18
Article 6. — Parcs pourvus d'un atelier du 2e degré 19
Article 7. — Responsabilité dans les parcs d'artillerie 20

TITRE II.

DISPOSITIONS RELATIVES À LA GESTION DU MATÉRIEL.

CHAPITRE PREMIER.

Classement du matériel.

Article 8. — Catégories de matériel 20
Article 9. — Compte de gestion 21

CHAPITRE II.

Dotation en matériel.

Article 10. — Matériel d'instruction 22
Article 11. — Matériel de mobilisation 23

CHAPITRE III.

Situations périodiques. — Demandes.

Pages.

Article 12. — Matériel d'instruction.......... 28
Article 13. — Matériel de mobilisation.......... 28

CHAPITRE IV.

Déclassements. — Réforme.

Article 14. — Changement de catégorie.......... 29
Article 15. — Réforme du matériel.......... 30

CHAPITRE V.

Réparations. — Rechanges. — Outillage.

Article 16. — Généralités sur les réparations.......... 30
Article 17. — Réparations au 1er degré.......... 31
Article 18. — Dispositions spéciales aux troupes coloniales.......... 33
Article 19. — Réparations au 2e degré.......... 34
Article 20. — Commission de réception.......... 35
Article 21. — Prélèvements, contrôle.......... 36
Article 22. — Dépenses diverses d'entretien.......... 36
Article 23. — Imputations dans les corps de troupe.......... 37
Article 24. — Écritures à tenir par l'officier Z.......... 39

TITRE III.

CHAPITRE UNIQUE.

Contrôle régional de l'entretien du matériel de protection.

Article 25. — Officier Z de corps d'armée. — Attributions.......... 40
Article 26. — Contrôle annuel.......... 41
Article 27. — Prélèvements d'appareils pour contrôle.......... 43

TITRE IV.

INSPECTION DU MATÉRIEL DE PROTECTION.

CHAPITRE UNIQUE.

Article 28. — Attributions du général inspecteur général du matériel de protection contre les gaz de combat.......... 44
Article 28 *bis*. — Rôle des officiers adjoints au général inspecteur général du matériel de protection contre les gaz de combat.......... 45

DEUXIÈME PARTIE.

TITRE UNIQUE.

RENSEIGNEMENTS TECHNIQUES.

CHAPITRE PREMIER.

Conservation du matériel.

Pages.

ARTICLE 29. — Soins à prendre pour la conservation du matériel de protection.......... 46

CHAPITRE II.

Visite détaillée des appareils.

ARTICLE 30. — Visite détaillée des appareils A. R. S.......... 48
ARTICLE 31. — Visite détaillée des masques M2.......... 52
ARTICLE 32. — Visite détaillée des appareils Tissot.......... 53
ARTICLE 33. — Visite détaillée des appareils Draeger.......... 56
ARTICLE 34. — Visite détaillée des appareils Fenzy P. M.......... 58
ARTICLE 35. — Visite détaillée des appareils Fenzy G. M.......... 59
ARTICLE 36. — Visite détaillée des effets spéciaux de protection.......... 60
ARTICLE 37. — Visite détaillée des masques Decaux pour chevaux.......... 61
ARTICLE 38. — Visite détaillée des pulvérisateurs Vermorel.......... 62

CHAPITRE III.

Épreuves spéciales.

ARTICLE 39. — Généralités.......... 64
ARTICLE 40. — Épreuves spéciales pour appareils ARS.......... 64
ARTICLE 41. — Épreuves spéciales pour appareils Tissot.......... 80
ARTICLE 42. — Contrôle des épreuves spéciales.......... 86

CHAPITRE IV.

Exécution des réparations.

a) *Réparations au 1er degré.*

ARTICLE 43. — Appareils A. R. S.......... 87
ARTICLE 44. — Masques M2.......... 88
ARTICLE 45. — Appareils Tissot.......... 88
ARTICLE 46. — Appareils Draeger.......... 89
ARTICLE 47. — Appareils Fenzy P. M.......... 89
ARTICLE 48. — Appareils Fenzy G. M.......... 90
ARTICLE 49. — Effets spéciaux de protection.......... 90
ARTICLE 50. — Masques Decaux pour chevaux.......... 91
ARTICLE 51. — Pulvérisateurs Vermorel.......... 91
ARTICLE 52. — Exécution des réparations aux appareils A. R. S.......... 92

Pages.

Article 53. — Exécution des réparations aux masques M2 99
Article 54. — Exécution des réparations aux appareils Tissot 100
Article 55. — Exécution des réparations aux appareils Draeger 103
Article 56. — Exécution des réparations aux appareils Fenzy P. M. 106
Article 57. — Exécution des réparations aux appareils Fenzy G. M. 107
Article 58. — Exécution des réparations aux effets spéciaux de protection 109
Article 59. — Exécution des réparations aux masques Decaux 110
Article 60. — Exécution des réparations aux pulvérisateurs Vermorel 111

b) *Réparations au 2e degré.*

Article 61. — Appareil A. R. S. 114
Article 62. — Masque M2 114
Article 63. — Appareils Tissot 114
Article 64. — Appareil Draeger 115
Article 65. — Appareil Fenzy P. M. 115
Article 66. — Appareil Fenzy G. M. 115
Article 67. — Pulvérisateur Vermorel 115
Article 68. — Exécution des réparations aux appareils A. R. S. 116
Article 69. — Exécution des réparations aux masques M2 123
Article 70. — Exécution des réparations aux appareils Tissot 124
Article 71. — Exécution des réparations aux appareils Draeger 129
Article 72. — Exécution des réparations aux appareils Fenzy P. M.. 130
Article 73. — Exécution des réparations aux appareils Fenzy G. M.. 130
Article 74. — Exécution des réparations aux pulvérisateurs Vermorel 182

Annexe n° 1. — Dotation des ateliers Z du 1er degré 137
Annexe n° 2. — Dotation des ateliers Z du 2e degré 142
Annexe n° 3. — Éléments d'appareils pouvant être récupérés 150
Annexe n° 4. — Tarif des réparations 157
Annexe n° 5. — Commission de réception des appareils réparés 164

Modèles 167

INSTRUCTION

SUR

L'ENTRETIEN ET LA VISITE EN TEMPS DE PAIX

DU MATÉRIEL DE PROTECTION

CONTRE LES GAZ DE COMBAT.

La présente Instruction annule et remplace :

— L'Instruction du 24 avril 1922 sur la conservation et la surveillance en temps de paix des appareils de protection contre les gaz de combat ;

— L'Instruction du 29 septembre 1919 sur l'entretien et les réparations de l'appareil A. R. S. ;

— La Notice du 14 avril 1921 concernant le contrôle rapide de la soupape d'expiration de l'appareil A. R. S. ;

— La Notice du 11 mai 1921 sur le remplacement de la soupape d'expiration de l'appareil A. R. S. ;

— La Notice du 23 mai 1921 sur la réparation des tuyaux d'œillère de l'appareil Tissot ;

— La Notice du 16 août 1922 concernant le remplacement des loups en caoutchouc des masques M 2 et des appareils A. R. S. ;

— La Notice du 5 mars 1925 concernant la désinfection des masques ;

— La Notice du 1er décembre 1922 concernant la remise en état des pulvérisateurs type Vermorel oxydés intérieurement ;

— Les pages V, VI, VII, VIII du Règlement concernant les gaz de combat, approuvé le 8 novembre 1918 ;

— Les fascicules n° I et n° II du 11 août 1924, extraits du projet de la présente Instruction.

— L'Extrait en date du 6 juillet 1925 de la présente Instruction.

AVANT-PROPOS.

L'emploi des gaz de combat, au cours de la dernière guerre, a démontré la *nécessité impérieuse* de protéger le personnel contre leurs atteintes.

Des appareils de protection individuels ou destinés à la protection collective sont approvisionnés, dès le temps de paix, en vue de la mobilisation et pour servir à l'instruction. Ils sont stockés dans les établissements de l'artillerie (parcs, entrepôts de réserve générale) ou détenus par les corps de troupe.

La classification de ce matériel est donnée par la nomenclature du matériel de l'artillerie, nomenclature N, chapitre XIV. Ce matériel est géré conformément aux dispositions réglementaires en vigueur (1).

Toutefois, les changements de catégorie (passage de la réserve de guerre au service courant) sont proposés par les soins des parcs d'artillerie comme il sera précisé au chapitre V de la présente Instruction.

Ce matériel est de conservation délicate; il peut subir des détériorations du fait même de sa nature. Dans ces conditions, il n'a pas paru possible de faire supporter par une masse les frais de réparation et d'entretien; ces frais sont laissés à la charge du service de l'artillerie.

Toutefois, en cas d'inobservation des prescriptions réglementaires, de négligences, etc., ayant occasionné des pertes ou des dégradations d'objets, des imputations peuvent être faites et mises à la charge des détenteurs

(1) Décret du 20 mars 1906 sur l'administration et la comptabilité des corps de troupe; décret du 26 décembre 1902 sur les comptes-matières.

plus particulièrement technique, sont rassemblées les règles et indications relatives aux visites du matériel, à son entretien, à la façon d'exécuter les réparations ainsi qu'à la mise en œuvre de divers appareils de contrôle.

L'Instruction est complétée par une partie documentaire (annexes et modèles).

PREMIÈRE PARTIE.

TITRE I.

ORGANISATION GÉNÉRALE DU SERVICE.

CHAPITRE UNIQUE.

AUTORITÉS ET PERSONNEL CHARGÉS DE LA SURVEILLANCE ET DE L'ENTRETIEN DU MATÉRIEL DE PROTECTION.

A. CORPS DE TROUPE.

ARTICLE PREMIER.

RESPONSABILITÉ ET SURVEILLANCE.

Les chefs de corps, les chefs de groupement d'unités considérés comme tels, sont responsables de la bonne conservation et de l'entretien du matériel de protection détenu par le corps ou le détachement.

Cette responsabilité s'applique également, chacun en ce qui le concerne :

a. Aux commandants d'unité (compagnie, escadron, batterie, etc.), pour le matériel en service à l'unité ;

b. A l'officier chargé du matériel pour le matériel stocké ;

c. A l'officier Z pour l'outillage de l'atelier Z, les rechanges et le matériel qui lui a été remis aux fins de réparation.

La surveillance du matériel distribué aux unités incombe aux officiers et gradés de ces unités qui doivent l'examiner, notamment au cours des revues hebdomadaires, au même titre que les armes portatives.

ARTICLE 2.

COMPTABILITÉ.

Le stockage et la comptabilité du matériel *non délivré aux unités* sont confiés à l'officier chargé du matériel.

L'officier Z est comptable, vis-à-vis de l'officier chargé du matériel, de l'outillage de l'atelier Z, ainsi que des pièces de rechange, matières, etc., destinées aux réparations.

ARTICLE 3.

ATELIER Z DU 1er DEGRÉ.

Dans chaque corps (régiment) il est créé un atelier dit *atelier Z du 1er degré*. Quand le régiment est fractionné, l'officier Z et l'atelier Z sont à la portion principale. Si la portion centrale et la portion principale du corps sont stationnées dans la même région de corps d'armée, l'officier Z et l'atelier Z assurent en principe la visite et les réparations du matériel de l'ensemble du corps.

Les bataillons de chasseurs à pied, les bataillons de mitrailleurs, les bataillons d'infanterie légère d'Afrique, les sections d'infirmiers, les artilleries de division légère et les escadrons du train ont un atelier Z.

Les formations autres que celles visées ci-dessus, les unités détachées en dehors de la région où se trouve la portion principale du corps, demandent au général commandant la région où elles sont stationnées leur rattachement à un atelier Z qui sera tenu d'effectuer la visite et la réparation de leur matériel de protection, avec la main d'œuvre fournie par les unités rattachées.

Si l'importance du matériel le nécessite, le général commandant la région peut, dans certains cas particuliers, créer un atelier Z dans une unité détachée ou formation isolée. Cet atelier peut même être chargé d'effectuer les réparations du matériel d'autres unités ou formations non pourvues d'atelier Z.

Lorsque les formations et unités non pourvues d'un atelier Z sont stationnées dans une garnison où se trouve un parc d'artillerie doté d'un atelier Z, il peut y avoir intérêt à les rattacher à ce parc.

Les écoles n'ont pas d'atelier Z, leur matériel est réparé par l'atelier Z du parc d'artillerie régional (1).

---

(1) Par l'Entrepôt de réserve générale de matériel d'Aubervilliers, pour les écoles du Gouvernement militaire de Paris.

ARTICLE 4.

OFFICIER Z DU CORPS.

---

a. *Réparations.*

L'officier Z du corps est chef de l'atelier Z du 1er degré. En outre des sous-officiers qui lui sont adjoints, il dispose d'au moins deux ouvriers; le nombre de ces derniers sera augmenté s'il est reconnu nécessaire. Ce personnel doit être stable dans toute la mesure du possible.

A chaque atelier Z, il est affecté un outillage spécial et une collection de rechanges et de matières (voir annexe I).

L'officier Z, dont les fonctions sont en principe d'ordre technique, fait exécuter les réparations du 1er degré (voir l'énumération au chapitre IV de la deuxième partie) au matériel du corps et des unités rattachées à son atelier.

b. *Visite annuelle.*

Chaque année, l'officier Z, secondé par les sous-officiers qui lui sont adjoints et par le personnel de l'atelier Z, procède à l'examen détaillé de tous les appareils d'instruction, en se conformant aux prescriptions du chapitre II de la deuxième partie. En ce qui concerne les appareils de mobilisation, il examine en détail, pour chaque modèle d'appareil, un quart de l'approvisionnement, de telle sorte que tous les appareils soient vus en quatre ans. Toutefois, les appareils Tissot, Draeger, Fenzy, les détecteurs L. D. sont visités chaque année en totalité. Une étiquette placée sur les caisses d'appareils visités indique la date de la visite.

Il y a intérêt à échelonner les opérations de la visite annuelle de manière à répartir sur toute l'année les travaux de réparation reconnus nécessaires.

Au cours de ses opérations l'officier Z s'assure que le matériel de mobilisation est stocké dans les meilleures conditions de conservation possibles; il fait, le cas échéant, au chef de corps, toutes propositions utiles pour l'amélioration du stockage.

La visite annuelle fait l'objet dans chaque corps, de deux comptes rendus d'ensemble (modèle n° II) dont l'un concerne le matériel d'instruction et l'autre le matériel de mobilisation. Ces comptes rendus d'ensemble, établis et signés par l'officier Z, sont en outre visés par l'officier chargé du matériel. Ils sont adressés au général commandant la région, qui les envoie en communication à l'Officier Z de corps d'armée. Cet officier inscrit, s'il y a lieu, ses observations. Après avoir prescrit, le cas échéant, les mesures nécessaires pour remédier aux défectuosités signalées, le général commandant la région transmet les comptes rendus au Ministre (3e direction, 2e bureau, 9e section) (1).

Les comptes rendus de visite annuelle, groupés par région, doivent parvenir au Ministère au plus tard le 15 février de l'année suivant la visite.

B. PARCS D'ARTILLERIE.

ARTICLE 5.

PARCS D'ARTILLERIE RÉGIONAUX POURVUS SEULEMENT D'UN ATELIER DU 1er DEGRÉ.

Les parcs d'artillerie régionaux, non dotés d'un atelier Z du 2e degré (2) et certains parcs annexes désignés par le Ministre disposent d'un atelier Z du 1er degré placé sous la direction d'un officier du parc.

Cet officier est chargé de la surveillance, de l'entretien et des réparations du matériel; ses fonctions sont analogues à celles de l'officier Z d'un régiment. Il est responsable de l'outillage de l'atelier, des matières et des rechanges destinés aux réparations, dans les conditions prévues à l'article 74, § XI de l'Instruction du 30 décembre 1902 sur les comptes matières.

Il assure la visite annuelle des appareils de mobilisation en compte au parc dans les conditions fixées à l'article précédent pour la visite de ces appareils dans les corps de troupe.

L'entretien, la visite et les réparations du matériel de mobilisation déposé par les corps de troupe dans les parcs d'artillerie disposant d'un atelier Z sont assurés par les soins de ces parcs au moyen du personnel mis à leur disposition par les corps intéressés (3).

---

(1) Par l'intermédiaire du général commandant le corps d'armée colonial pour les corps de troupe coloniaux.

(2) Sauf dérogation accordée par le Ministre.

(3) En principe, les corps doivent emmagasiner et entretenir leur matériel de mobilisation. Toutefois, dans le cas où ils ne posséderaient pas de locaux suffisants, ils peuvent être autorisés *exceptionnellement*, par le général commandant la région, à stocker tout ou partie de ce matériel au parc d'artillerie.

ARTICLE 6.

PARCS POURVUS D'UN ATELIER Z DU 2e DÉGRÉ.

Un certain nombre de parcs d'artillerie et d'établissements désignés par le Ministre, sont pourvus d'un atelier Z du 2e degré.

Ils assurent, par leurs moyens, la visite annuelle, l'entretien et les réparations à tous les degrés de leur propre matériel.

Ils visitent annuellement, entretiennent et réparent au *1er degré* le matériel des unités isolées rattachées et le matériel en gérance d'annexe ; ces opérations sont effectuées avec le personnel mis à leur disposition par lesdites unités ou les corps auxquels appartient le matériel dont le parc est gérant d'annexe. Les réparations au 2e degré du matériel visé dans le présent alinéa sont faites par l'atelier Z du 2e degré du parc sans le concours du personnel des corps et unités isolées.

En outre, ces parcs reçoivent des ateliers Z du 1er degré de leur circonscription territoriale le matériel dont la remise en état n'entre pas dans les attributions d'un atelier Z du 1er degré, et le matériel non susceptible d'être réparé.

Lors de sa réception, ce matériel est l'objet d'une visite détaillée (voir 2e partie, chapitre II). Il est classé en :

matériel à réparer par l'atelier du 2e degré du parc ;

matériel à changer de catégorie (passage de la réserve de guerre à la catégorie d'instruction) ;

matériel à envoyer à l'entrepôt de réserve générale de matériel d'Aubervilliers ;

matériel à proposer pour la réforme.

L'atelier Z du 2e degré possède l'outillage et les rechanges prévus à l'annexe II. Il est doté du personnel ouvrier nécessaire et en rapport avec l'importance des travaux qu'il doit effectuer.

A l'atelier proprement dit est annexé un laboratoire où les appareils sont soumis à des épreuves spéciales de vérification.

Les dispositions, prévues à l'article 74 de l'Instruction du 30 décembre 1902, sur les comptes matières, concernant le fonctionnement des ateliers du service de l'artillerie s'appliquent aux ateliers Z du 1er et 2e degré des parcs d'artillerie. L'atelier Z, dans chaque parc, est dirigé par un officier de l'établissement, dit officier Z, ayant reçu une instruction spéciale, assisté d'un ou plusieurs adjudants-chefs ou adjudants ouvriers d'état ou sous-officiers. Le sous-officier chef d'atelier doit également avoir reçu une instruction spéciale.

Les services qui peuvent incomber au chef d'atelier Z

du 2e degré, en dehors de ses fonctions spéciales, doivent être limités de façon à ne nuire en rien à ces fonctions et à permettre à ce sous-officier d'assurer la surveillance et la direction dudit atelier aux heures de travail.

ARTICLE 7.

RESPONSABILITÉS DANS LES PARCS D'ARTILLERIE.

La responsabilité des agents ayant charge du matériel, directeur, comptable, etc., est définie aux articles 17 à 27 de l'Instruction, du 30 décembre 1902, sur les comptes matières (*B. O. E. C.* volume n° 27).

TITRE II.

DISPOSITIONS RELATIVES À LA GESTION DU MATÉRIEL.

CHAPITRE PREMIER.

CLASSEMENT DU MATÉRIEL.

ARTICLE 8.

CATÉGORIES DE MATÉRIEL.

Le matériel de protection contre les gaz de combat est classé en deux catégories distinctes :

le matériel d'instruction ;

le matériel de mobilisation (réserve de guerre).

Le matériel d'instruction est mis en service pour l'instruction de la troupe. L'appareil A. R. S. d'instruction n'est employé, en principe, que pour les exercices à l'intérieur et pour le passage en atmosphère viciée (1). Le masque M 2 d'instruction est l'appareil à employer normalement pour les exercices à l'extérieur ; il ne doit jamais être emporté dans la seule pochette imperméable, mais le tout doit être renfermé dans l'étui métallique.

Tous les appareils appartenant à la catégorie « instruction » portent la lettre I. Cette lettre est marquée : pour les appareils A. R. S., sur la face extérieure du masque, au niveau de la joue droite; pour les masques M 2 à l'envers du pare-pluie ; pour les appareils Tissot sur la caisse et sur le bidon filtreur ; pour les appareils Draeger sur l'enveloppe ; pour les appareils Fenzy P. M. sur le sac respiratoire ; pour les Fenzy G. M. sur la caisse et sur un demi couvercle métallique ; pour le masque à chevaux à l'envers du pare-pluie ; pour le pulvérisateur Vermorel sur le réservoir.

A la mobilisation, le matériel d'instruction est laissé au dépôt pour servir à l'instruction des hommes des réserves.

Le matériel d'instruction est constitué à l'aide des appareils retirés des approvisionnements de mobilisation comme impropres à tout service de guerre (voir chapitre IV).

Le matériel de mobilisation en compte dans les corps de troupe ne doit être mis en service sous aucun prétexte.

ARTICLE 9.

COMPTE DE GESTION.

Le matériel de protection contre les gaz est suivi en comptabilité sur un compte de gestion établi au titre du service de l'artillerie.

Le matériel d'instruction étant par définition impropre au service de guerre, doit être suivi en comptabilité au titre du service courant.

Le matériel de mobilisation doit, par contre, figurer dans les comptes au titre de la réserve de guerre.

Il résulte des principes exposés ci-dessus que les pièces concernant le matériel de mobilisation : états de demande, bulletins de réparation, etc., doivent porter la mention « matériel de mobilisation ».

---

(1) En vue d'habituer les hommes au port de l'appareil qui serait utilisé en campagne, les appareils A. R. S. d'instruction pourront être utilisés exceptionnellement pour les exercices à l'extérieur où l'on cherche à placer la troupe dans les conditions se rapprochant le plus possible de celles du combat. Toutefois, toutes précautions seront prises pour éviter la détérioration de ces appareils.

CHAPITRE II.

DOTATION DU MATÉRIEL.

ARTICLE 10.

MATÉRIEL D'INSTRUCTION.

a. *Appareils A. R. S. et masques M 2.*

Il est affecté à chaque officier et à chaque homme de troupe de l'effectif du temps de paix :

1 appareil A. R. S. (1) ;

1 masque M 2.

Toutefois les officiers, sous-officiers et gendarmes qui font partie des pelotons mobiles de gendarmerie ne sont dotés chacun que d'un appareil A. R. S., et ceux qui font partie des légions de gendarmerie départementale ne sont dotés d'aucun appareil de protection individuelle contre les gaz de combat.

En outre :

1° Dans chaque régiment, dans chaque unité isolée ou détachée, il est constitué une réserve qui comprend un nombre d'appareils A. R. S. et un nombre de masques M 2 égaux chacun à 3 p. 100 de l'effectif théorique du régiment ou de l'unité (2) ;

2° Dans chaque parc d'artillerie régional, il est constitué une réserve qui comprend un nombre d'appareils de chacun des 2 modèles précités égal à 5 p. 100 de l'effectif théorique des troupes qui sont rattachées au parc.

Les régiments et unités isolées ou détachées constituent leur approvisionnement d'après les indications qui précèdent.

Les officiers et hommes de troupe qui changent de corps n'emportent ni leur appareil A. R. S. ni leur masque M 2.

---

(1) La taille de l'appareil A. R. S. qui convient à chaque homme doit être inscrite à l'encre rouge sur son livret matricule et sur son livret individuel.

(2) Dans les pelotons mobiles de gendarmerie, il est seulement constitué une réserve d'appareils A. R. S., et dans les légions de gendarmerie départementale il n'est pas constitué de réserve d'appareils de protection individuelle contre les gaz de combat.

Tous les appareils A. R. S. sont renfermés dans leur boîte qui contient un viseur de rechange. Les appareils A. R. S. destinés à l'artillerie sont munis de viseurs armés.

Tous les masques M 2 sont renfermés dans la pochette imperméable qui contient un viseur de rechange. Le tout est placé dans l'étui métallique.

Écoles.

A moins de prescriptions contraires faisant l'objet de dispositions spéciales, les dotations des écoles en appareils A. R. S. et en masques M 2 sont calculées comme il est dit plus haut.

Les élèves sortant des écoles n'emportent pas leurs appareils de protection individuelle.

Les officiers stagiaires apportent leurs appareils de protection individuelle et ils les emportent quand ils quittent l'école.

Les sous-officiers admis aux écoles sont pourvus d'appareils de protection individuelle par leurs corps d'origine. A leur sortie de l'école, les appareils sont renvoyés aux corps d'origine avec les effets d'habillement.

b. *Appareils autres que les appareils A. R. S. et les masques M 2.*

Le tableau suivant indique les dotations en appareils autres que les appareils A. R. S. et les masques M 2.

Chaque appareil Draeger est muni de 4 bouteilles à oxygène et de 4 cartouches de rechange.

Chaque appareil Fenzy P. M. est muni de 12 capsules Sparklet et de 2 cartouches d'oxylithe de rechange. Chaque appareil Fenzy G. M. est muni de 4 bouteilles à oxygène et de 8 cartouches de rechange.

Chaque détecteur L. D. est muni d'un flacon renfermant des feuilles de papier sensible à l'oxyde de carbone.

Les revolvers et les cartouches à blanc utilisés pour la création d'atmosphère viciée font partie de l'armement; pour ce qui concerne ce matériel, observer les prescriptions du règlement sur le service de l'armement.

ARTICLE 11.

MATÉRIEL DE MOBILISATION.

Les dotations en matériel de mobilisation sont calculées d'après les indications données par les tableaux de dotation provisoires du matériel de protection contre les gaz de combat — Temps de guerre — approuvés le 1er août 1923.

TABLEAU DE DOTATION EN MATÉRIEL DE […]TECTION CONTRE LES GAZ DE COMBAT.

(MATÉRIEL […]STRUCTION.)

(APPAREILS AUTRES QUE LES APPAREILS […]S. ET LES MASQUES M_2).

DÉSIGNATION.	INFANTERIE.			CAVALERIE.	[…]LERIE ET TRAIN DES ÉQUIPAGES.				GÉNIE. RÉGIMENT OU BATAILLON formant corps de :				OBSERVATIONS.
	RÉGIMENT D'INFANTERIE. Régiment de chars de combat.	BATAILLON DE CHASSEURS À PIED. Bataillon de chasseurs mitrailleurs. Groupe de chasseurs cyclistes. Bataillon détaché ou isolé.	COMPAGNIE DÉTACHÉE OU ISOLÉE.	RÉGIMENT DE CAVALERIE. (1)	ARTILLERIE DE DIVISION LÉGÈRE ou fraction de régiment supérieure au groupe.	ESCADRON DU TRAIN DES ÉQUIPAGES.	BATAILLON D'OUVRIERS. Unité détachée ou isolée d'artillerie ou du train.	PARC D'ARTILLERIE RÉGIONAL.	Sapeurs-mineurs (5).	Sapeurs-pontonniers.	Sapeurs de chemin de fer.	Sapeurs télégraphistes.	
Appareil Tissot	7	4	2	5	10	5	2 (3)	50	20	5	5	20	
Appareil Fenzy-P. M.	"	"	"	"	"	"	"	5 (4)	10	"	5	"	
Appareil Draeger	4	2	2	2	5	5	2	20	10	5	5	5	
Détecteur L. D.	2	2	2	2	2	2	2	20	2	2	2	2	
Pulvérisateur Vermorel	2	2	2	2	2	2	2	20	2	2	2	2	
Moufles (paire de)	10	10	2	4	10	10	4	100	10	10	10	20	
Bourgeron	10	10	2	4	10	10	4	100	10	10	10	20	
Salopette	10	10	2	4	10	10	4	100	10	10	10	20	
Bottes de tranchées (paire de)	10	10	2	4	10	10	4	100	10	10	10	20	
Masque pour chevaux	5	2	"	30	(2) 20	20	(3) 4 (2)	50	20	20	"	"	
Accessoires pour la création d'atmosphère viciée : Revolver Mle 1873	2	2	2	2	2	2	2	"	2	2	2	2	
Accessoires pour la création d'atmosphère viciée : Ampoule de bromure de benzyle	200	100	40	200	100	200	100	10,000	200	200	200	200	
Accessoires pour la création d'atmosphère viciée : Cartouches à blanc pour revolver Mle 1873	250	125	50	250	125	250	125	"	250	250	250	250	

(1) L'instruction des escadrons d'auto-mitrailleuses de cavalerie est faite par les soins des […]de rattachement.
(2) Dans les régiments ou unités hippomobiles seulement.
(3) S'il s'agit d'un groupe, doubler cette dotation.
(4) Seulement dans les parcs auxquels sont rattachées les unités de sapeurs mineurs ou […]de fer.
(5) Les détachements cyclistes utilisent pour l'instruction les appareils des corps aux […]nt rattachés

TABLEAU DE DOTATION DU MATÉRIEL DE PROTECTION CONTRE LES GAZ DE COMBAT (MATÉRIEL D'INSTRUCTION.)

(APPAREILS AUTRES QUE LES APPAREILS A. R. S. ET LES MASQUES M_2). (Suite.)

DÉSIGNATION.	AÉRONAUTIQUE.					GENDARMERIE.	ÉCOLES.					OBSERVATIONS.
	Régiment d'aviation.	Bataillon d'aérostation.	Groupe d'ouvriers.	Unité détachée ou isolée.	Section secrétaires d'état-major. Section de commis et ouvriers d'administration. Section d'infirmiers militaires.	Détachement de gendarmerie (autre que la gendarmerie départementale.).	École spéciale militaire. École militaire d'infanterie.	École d'application de cavalerie.	École d'application d'artillerie. École militaire d'artillerie.	École militaire du génie.	École d'application du service de santé militaire. École du service de santé militaire. École d'administration militaire.	
Appareil Tissot	10	3	2	2	2	»	20	10	20	10	10	
Appareil Fenzy P. M.	»	»	»	»	»	»	4	2	4	6	2	
Appareil Draeger	4	2	2	2	2	»	10	5	10	10	5	
Détecteur L. D.	4	2	2	2	2	»	10	5	10	10	5	
Pulvérisateur Vermorel	4	2	2	2	2	»	10	5	10	10	5	
Moufles (paire de)	10	10	4	2	4	»	20	10	20	10	6	
Bourgeron	10	10	4	2	4	»	20	10	20	10	6	
Salopette	10	10	4	2	4	»	20	10	20	10	6	
Bottes de tranchée (paire de)	10	10	4	2	4	»	20	10	20	10	6	
Masque pour chevaux	»	»	»	»	»	»	20	10	20	10	2	
Accessoires pour la création d'atmosphère viciée. — Revolver M^le 1873.	2	2	2	2	2	2	2	2	2	2	2	
Accessoires pour la création d'atmosphère viciée. — Ampoule de bromure de benzyle	200	100	100	40	100	40	200	100	100	100	100	
Accessoires pour la création d'atmosphère viciée. — Cartouche à blanc pour revolver M^le 1873	250	125	125	50	125	50	250	125	250	125	125	

CHAPITRE III.

SITUATIONS PÉRIODIQUES ET DEMANDES DE MATÉRIEL.

ARTICLE 12.

MATÉRIEL D'INSTRUCTION.

Tous les semestres, chaque corps de troupe, école ou service établit une situation du matériel existant à la date du premier jour du semestre.

Cette situation tient lieu, pour les corps de troupe, écoles et services, de demande de matériel; elle est conforme au modèle n° 1.

Les situations des corps de troupe sont adressées, par la voie hiérarchique, au commandant de la région (1) qui, après les avoir vérifiées, les adresse au parc d'artillerie régional (2).

Celui-ci, à l'aide des approvisionnements d'instruction dont il dispose donne satisfaction immédiate aux demandes formulées par les corps de troupe.

Le parc d'artillerie régional établit ensuite une situation récapitulative modèle n° 1 *bis* qui est transmise au Ministre (direction de l'artillerie, 2e bureau, 9e section), par l'intermédiaire du général commandant la région. Elle doit parvenir au Ministre les 10 février et 10 août.

Cette situation tient lieu, pour le parc d'artillerie régional de demande destinée à recompléter sa dotation de matériel d'instruction.

En dehors de ces demandes semestrielles, il ne doit être produit de demandes de matériel d'instruction que très exceptionnellement.

ARTICLE 13.

MATÉRIEL DE MOBILISATION.

Il n'est pas fourni de situation périodique pour le matériel de mobilisation.

---

(1) Les demandes de corps de troupe coloniaux sont vérifiées et visées par le général commandant le corps d'armée colonial avant d'être transmises au commandant de la région sur le territoire de laquelle sont stationnés ces corps.

(2) Pour le Gouvernement militaire de Paris, à l'Entrepôt de réserve générale de matériel d'Aubervilliers.

Lorsque pour un motif quelconque (changement de catégorie, réforme ou prélèvement d'appareils, augmentation d'effectifs, etc.), les approvisionnements d'un corps de troupe se trouvent en déficit, le chef de corps provoque les ordres nécessaires pour le combler.

A cet effet, il signale le déficit au parc d'artillerie régional qui adresse une demande au Ministre (direction de l'artillerie, 2e bureau, 9e section), par l'intermédiaire du général commandant la région.

Sur son état de demande, établi en trois expéditions, le commandant du parc d'artillerie régional indique les quantités de matériel qu'il peut fournir.

CHAPITRE IV.

CHANGEMENT DE CATÉGORIE ET RÉFORME DU MATÉRIEL.

ARTICLE 14.

CHANGEMENT DE CATÉGORIE.

Le matériel d'instruction est constitué à l'aide des appareils impropres à tout service de guerre.

Le changement de catégorie (passage de la catégorie « réserve de guerre » à la catégorie « matériel d'instruction ») est proposé par les parcs d'artillerie régionaux pourvus d'un atelier Z du 2e degré. Il est prononcé par l'officier Z de corps d'armée qui fait apposer immédiatement la lettre I sur les appareils déclassés (1).

L'opération est ensuite régularisée en écriture par le parc d'artillerie régional, conformément aux instructions concernant la réserve de guerre qui sont en vigueur.

Il est formellement interdit de classer « Instruction » un appareil de fabrication récente. Si un appareil de cette sorte n'est pas estimé bon pour le service de guerre, il est signalé sans délai au Ministre (direction de l'artillerie, 2e bureau, 9e section), par rapport spécial indiquant le motif du déclassement, ses causes, et mentionnant la date de fabrication, le numéro du lot et toutes les marques distinctives de l'appareil. L'appareil, ainsi qu'une copie du rapport spécial, sont envoyés à l'entrepôt de réserve générale de matériel d'Aubervilliers.

---

(1) Cette lettre sera apposée avec de l'encre grasse à tampon, noire, de la maison J.-M. Paillard, passage Saint-Sébastien, nº 17, à Paris, fournie aux corps par les parcs d'artillerie dans les mêmes conditions que les autres ingrédients nécessaires aux ateliers Z du 1er degré.

ARTICLE 15.

RÉFORME DU MATÉRIEL.

Le matériel de protection contre les gaz de combat, les pièces de rechange et les outils existant dans les corps de troupe et considérés comme hors de service, sont versés au parc d'artillerie régional de rattachement ou parc annexe (1), conformément aux prescriptions de l'article 144 du Règlement du 20 mars 1906 sur l'administration et la comptabilité des corps de troupe (*B. O. E. M.*, volume n° 1).

De là, ils sont expédiés à un parc pourvu d'un atelier Z du 2e degré (si le parc de rattachement n'en possède pas).

Cet établissement fait procéder à la réforme du matériel, dans les conditions indiquées à l'article 46 de l'Instruction du 10 février 1908 sur le service courant (*B. O. E. M.*, volume n° 74). L'avis de l'officier Z du corps d'armée doit figurer sur les états de proposition de réforme dressés par les établissements.

Le parc détermine, de concert avec l'officier Z de corps d'armée, tous les éléments d'appareils, mentionnés à l'annexe III, susceptibles d'être utilisés. Ils les récupère, conserve ceux dont il a l'emploi soit pour ses propres ateliers, soit pour les ateliers des corps de troupe, et signale les autres au Ministre (direction de l'artillerie, 2e bureau, 9e section) qui indique la destination à leur donner.

CHAPITRE V.

RÉPARATIONS, RECHANGES, OUTILLAGE.

ARTICLE 16.

GÉNÉRALITÉS.

Les réparations des appareils de protection sont de deux sortes :

1° Réparations effectuées par les ateliers Z du 1er degré ;

2° Réparations effectuées dans chaque région de corps d'armée par un ou plusieurs parcs d'artillerie désignés par le Ministre et dotés d'un atelier Z du 2e degré.

(1) Pour les corps coloniaux, aux établissements désignés par le Ministre.

Éventuellement pour certaines réparations ne pouvant être exécutées par les ateliers du 2e degré, les appareils sont adressés à l'entrepôt de réserve générale de matériel d'Aubervilliers, dans les conditions prévues par la présente Instruction.

Les réparations de toute nature sont effectuées conformément aux règles et indications du chapitre IV de la 2e partie.

ARTICLE 17.

RÉPARATIONS DU 1er DEGRÉ.

a. Rechanges et outillage.

Il est constitué dans chaque atelier Z une collection de rechanges pour les réparations (voir annexe I).

Des demandes pour compléter cette collection sont établies semestriellement et adressées directement au parc d'artillerie régional chargé de ravitailler l'atelier du 1er degré considéré. Les parcs d'artillerie, dotés seulement d'un atelier du 1er degré, lui adressent également, le cas échéant, leur demande de recomplètement.

Le parc d'artillerie chargé de ravitailler en rechanges les ateliers du 1er degré des corps et des parcs donne satisfaction à ces demandes. Dans le cas où ses disponibilités ne le lui permettraient pas, il adresse une demande au Ministre (en triple expédition).

L'atelier Z dispose, en outre, d'un outillage indiqué à l'annexe I. Les matières, ingrédients et outils indiqués au paragraphe 2° de l'annexe I sont fournis normalement par le parc d'artillerie régional dans les mêmes conditions que les pièces de rechange. Exceptionnellement, en cas d'urgence, ils peuvent être acquis directement par le corps, qui a soin de n'engager que les dépenses indispensables et qui se fait rembourser dans les conditions fixées par le Règlement du 20 mars 1906 sur la comptabilité intérieure des corps de troupe (*B. O. E. M.*, volume n° 1). Le règlement de ces dépenses est effectué d'après les règles analogues à celles qui sont appliquées pour les dépenses de l'armement (*B. O. E. M.*, volume 19, article 148 et suivants) ; les pièces comptables à envoyer au Ministre récapitulées dans un relevé modèle n° 33 (*B. O. E. M.*, volume n° 1 *bis*) lui sont adressées sous le timbre (3e direction, services généraux, 6e section). Pour éviter toute confusion, ces pièces portent en tête, à l'encre rouge, la mention « Matériel de protection contre les gaz de combat ».

Les objets hors de service sont versés au parc d'artillerie régional ou à ses annexes (*B. O. E. M.*, volume n° 1, article 144).

b. *Envoi des appareils à réparer aux ateliers Z*

Les réparations à effectuer aux appareils et engins de protection sont signalées :

1° Par le commandant d'unité, dès que les dégradations sont constatées ;

2° Par l'officier Z au cours des opérations de la visite annuelle ;

3° Par l'officier Z de corps d'armée lors de ses tournées de contrôle.

Quand il s'agit de matériel d'instruction, l'unité administrative devra établir un bulletin de réparation (modèle n° III) indiquant le sommaire de la réparation à exécuter.

Sur ce bulletin, les appareils à réparer sont portés dans l'ordre suivant :

1° Appareils affectés à des hommes ;

2° Appareils non affectés à des hommes.

Les engins affectés à des hommes sont désignés par le nom du détenteur et son numéro matricule ; les autres sont désignés par un numéro spécial à chaque catégorie d'appareils ; ce numéro est reproduit sur une étiquette à fixer à l'appareil.

Le bulletin de réparation est remis avec le matériel à l'officier Z, qui, après avoir examiné les appareils, détermine si la réparation entre dans la catégorie de celles que l'atelier du corps est autorisé à exécuter, rectifie s'il y a lieu les libellés non conformes à ceux qui figurent dans la liste des réparations autorisées et inscrit, à l'encre rouge, les réparations complémentaires qu'il juge nécessaires.

Quand il s'agit de matériel de mobilisation les bulletins de réparation sont établis par l'officier chargé du matériel.

Les réparations au 1er degré sont effectuées immédiatement.

Les appareils à réparer au 2e degré sont envoyés au parc d'artillerie chargé du ravitaillement (1).

Ils sont munis, par les soins du corps expéditeur, d'étiquettes indiquant la réparation à y faire.

L'officier chargé du matériel dresse, au moment de l'envoi,

---

(1) Afin d'assurer un fonctionnement régulier des ateliers Z du 2e degré, il peut y avoir intérêt à ce que les envois soient échelonnés sur toute l'année.

un état récapitulatif modèle n° IV des renseignements portés sur les étiquettes. Cet état est établi en trois expéditions. Il mentionne, à titre d'indication, la nature des imputations prononcées par le corps.

Des états distincts sont établis pour le matériel d'instruction et pour le matériel de mobilisation.

L'une de ces expéditions est destinée au corps pour justifier la sortie des appareils à réparer au 2e degré.

La deuxième expédition est envoyée au parc d'artillerie ou au parc annexe désigné par le général commandant la région, pour ravitailler le corps considéré en matériel de protection. Cet établissement prépare la livraison ou l'expédition du matériel de remplacement. Les appareils sont remplacés nombre pour nombre par des appareils de même catégorie (Instruction ou Mobilisation) prélevés sur les approvisionnements disponibles du parc. L'envoi en est effectué, sans ordre spécial, dès réception des appareils à réparer.

La troisième expédition de l'état modèle IV accompagne les appareils détériorés, jusqu'à l'atelier où ils seront remis en état.

Si le parc de ravitaillement n'exécute pas de réparations du 2e degré, il expédie les appareils au parc chargé de ces réparations dès qu'il en a reçu un nombre suffisant pour constituer un envoi d'au moins 50 kilogrammes ; toutefois, le parc de ravitaillement ne doit pas conserver plus d'une année les appareils à réparer.

Le parc d'artillerie, chargé de la réparation, communique l'état modèle IV à l'officier Z de corps d'armée. Cet officier y inscrit ses observations sur les réparations demandées et les porte, s'il y a lieu, à la connaissance du corps de troupe.

Dans son compte rendu de visite annuelle, l'officier Z du parc signale par une inscription à l'encre rouge, le nombre d'appareils dont la réparation a été demandée par les unités.

ARTICLE 18.

DISPOSITIONS SPÉCIALES AUX TROUPES COLONIALES.

Les demandes d'outillage, rechanges, matières et objets nécessaires aux réparations du matériel de protection, établies par les corps de troupe coloniaux, sont adressées par ces corps au général commandant le corps d'armée colonial, qui les transmet au Ministre (8e Direction).

Le Ministre (3e Direction) désigne le ou les établissements chargés d'y donner satisfaction et fait connaître si la délivrance s'effectuera à titre gratuit ou à titre onéreux.

ARTICLE 19.

RÉPARATIONS DU 2e DEGRÉ.

---

a. Rechanges et outillage.

Les ateliers Z du 2e degré sont organisés en matériel d'après les mêmes principes que ceux du 1er degré; dans chacun d'eux il est constitué un collection de rechanges (voir annexe II) destinée à pourvoir aux différentes réparations, ainsi qu'aux réapprovisionnements éventuels des ateliers Z du 1er degré. Les demandes pour recompléter cette collection sont adressées en même temps que celles concernant les rechanges pour les réparations du 1er degré.

L'atelier Z du 2e degré dispose de l'outillage d'un atelier Z du 1er degré, ainsi que d'un certain nombre d'outils supplémentaires. Les outils spéciaux sont envoyés par l'Entrepôt de réserve générale de matériel d'Aubervilliers, le reste de l'outillage est acquis directement.

b. Réparation des appareils.

Le matériel reçu des corps de troupe ou d'autres parcs pour être réparé au 2e degré est soumis à une visite détaillée (voir 2e partie, chap. II). Cette visite est complétée, pour ce qui concerne les éléments dont l'état est douteux, par les épreuves spéciales de laboratoire prévues au chapitre III de la 2e partie.

Toutes les détériorations constatées, ainsi que les réparations reconnues nécessaires sont inscrites, d'une part, sur l'étiquette fixée à chaque appareil et, d'autre part, sur un registre destiné à cet usage. Sur ce registre, les appareils sont classés d'abord suivant leur origine (numéro du régiment) et ensuite d'après leur nature (A. R. S., M 2, etc.).

Après réparation, les divers éléments réparés sont soumis aux épreuves de laboratoire. En outre, dans certains cas (voir 2e partie, chap. IV, art. 68 *in fine*), les appareils sont éprouvés en atmosphère viciée.

Enfin, après réception par la commission prévue à l'article 20 ci-après, les appareils sont versés dans les approvisionnements du parc, qui établit chaque année deux états (modèle n° VII), l'un pour le matériel de mobilisation, l'autre pour le matériel d'instruction, faisant connaître le nombre d'appareils réparés dans l'année. Ces états sont transmis au Ministre (direction de l'artillerie, 2e bureau, 9e section) pour le 15 février, par le général commandant la région.

ARTICLE 20.

COMMISSION DE RÉCEPTION.

Les appareils réparés au deuxième degré par l'atelier Z 2 d'un parc d'artillerie régional sont reçus par une commission spéciale ayant la composition suivante :

Un capitaine de corps de troupe, président ;

1 officier Z de corps de troupe ;

1 officier du parc.

En outre, l'officier Z du parc assiste aux réunions de la commission avec voix consultative.

Les membres de cette commission sont désignés au début de chaque année par le général commandant la région.

La commission se réunit à la demande du commandant du parc.

Elle prélève dans chaque catégorie d'appareils 5 p. 100 (ou fraction de 100) des appareils réparés et les examine en détail en se conformant aux prescriptions de la visite détaillée (voir 2e partie, chapitre II), afin de se rendre compte de la bonne exécution des réparations. L'officier Z du parc lui fournit à cet effet tous les renseignements de détails nécessaires.

Les appareils A. R. S. et les appareils Tissot, ainsi prélevés sont toujours soumis à une épreuve d'étanchéité totale (passage en atmosphère viciée) et la dépression des cartouches des appareils A. R. S. est mesurée.

Une corvée de quelques hommes est tenue à sa disposition pour les passages en atmosphère viciée. La commission peut également, si elle le juge utile, faire éprouver quelques uns des autres appareils en atmosphère viciée.

L'admission en recette ou le refus des appareils réparés sont basés sur le principe suivant : aucun des appareils examinés par la commission ne doit présenter de défaut le rendant impropre au service de guerre (ou à l'instruction dans le cas où le matériel est présenté comme matériel d'instruction).

Sauf cas exceptionnels non prévus par la présente Instruction, la commission observe les règles exposées à l'annexe n° V.

Lorsque la commission n'a pas admis en recette les appareils présentés, ceux-ci sont renvoyés à l'atelier pour être vérifiés et réparés à nouveau s'il y a lieu.

Chaque séance de la commission donne lieu à la rédaction d'un procès-verbal qui est transcrit sur un registre spécial conservé au parc et communiqué à l'officier Z de corps d'armée lors de ses visites.

ARTICLE 21.

PRÉLÈVEMENTS. — CONTRÔLE.

La commission de réception visée au paragraphe précédent prélève 3/1,000 des appareils réparés et admis en recette en les choisissant, dans les appareils qu'elle a examinés, parmi ceux dont les réparations présentent le plus d'intérêt, et les fait adresser, aux fins de contrôle, à l'Entrepôt de réserve générale de matériel d'Aubervilliers (gare d'Aubervilliers-La Courneuve).

A cet effet, le parc se conforme aux dispositions suivantes qui sont générales et doivent être appliquées pour toute expédition faite par un parc d'artillerie à l'Entrepôt de réserve générale de matériel d'Aubervilliers et concernant un prélèvement de matériel à faire contrôler par le laboratoire de cet établissement.

L'envoi est accompagné d'un état de renseignement conforme au modèle n° VIII établi en trois expéditions.

Une étiquette libellée suivant les indications de cet état est fixée à chaque appareil ou élément d'appareil.

L'expédition d'un prélèvement doit toujours faire l'objet d'une lettre d'envoi où sont mentionnés : la date de l'expédition, le numéro de l'ordre de transport, la nature et le nombre des appareils ou éléments d'appareils expédiés.

Après examen du matériel à l'Entrepôt d'Aubervilliers les colonnes réservées à cet effet sont remplies par les soins de cet établissement qui adresse une expédition de l'état ainsi complété.

1° Au parc d'artillerie ayant effectué l'envoi de matériel (1) ;

2° Au général inspecteur général des munitions et du matériel de protection contre les gaz de combat.

Cet officier général signale éventuellement au Ministre les particularités qu'il jugerait intéressant de relever.

La troisième expédition est conservée aux archives de l'entrepôt.

ARTICLE 22.

DÉPENSES DIVERSES D'ENTRETIEN.

Les dépenses, non prévues à la présente instruction, qui se rapportent *directement* à la conservation du matériel :

---

(1) Qui en donne communication à l'officier Z du corps d'armée.

achat d'ingrédients divers, etc., sont à la charge du service de l'artillerie.

Toutefois, les frais d'aménagement des locaux (construction d'étagères, etc.), les dépenses effectuées pour l'éclairage, le chauffage des magasins et des ateliers Z des corps, etc., sont supportées par les masses de ces corps.

ARTICLE 23.

IMPUTATION DES DÉPENSES DE RÉPARATION DANS LES CORPS DE TROUPE.

a. *Principes généraux.*

Lors du versement du matériel à réparer à l'atelier Z, il en est passé une visite contradictoire par l'officier Z et un officier de l'unité versante ou l'officier chargé du matériel s'il s'agit de matériel stocké dans les magasins du corps.

Les dépenses à prévoir pour la remise en état des appareils sont mises à la charge de l'État ou des détenteurs, en se conformant aux indications ci-après :

Sont à la charge de l'État :

Les réparations et remplacements qui résultent de l'usure naturelle des appareils dans toutes les circonstances du service ;

Les réparations et remplacements de pièces ou d'appareils nécessités par un défaut de fabrication ou par un cas de force majeure dûment constaté.

Sont à la charge du corps, des unités ou des détenteurs :

Les réparations et remplacements rendus nécessaires par suite de la négligence, de la maladresse ou de la mauvaise volonté des détenteurs.

Sont à la charge du chef de corps ou de détachement ou du conseil d'administration :

Les réparations ou remplacements occasionnés par une infraction aux règlements prescrite ou simplement tolérée dans le corps.

La responsabilité des commandants d'unité peut être engagée également pour le motif ci-dessus, en ce qui concerne le matériel de leur unité. Il en est de même de l'officier chargé du matériel pour le matériel stocké et de l'officier Z pour le matériel qui lui est confié.

En cas de responsabilité pécuniaire collective, la détermination de la part de chacun est effectuée dans les conditions fixées par l'article 40 du décret du 20 mars 1906, sur l'administration et la comptabilité des corps de troupe.

Le recouvrement des imputations à divers, qu'elles soient relatives à des réparations du premier degré ou du deuxième degré ou qu'elles découlent des causes exposées ci-dessus, est effectué par les soins du sous-intendant militaire, conformément aux prescriptions du décret du 20 mars 1906 précité, articles 148 à 151. L'ordre de reversement et le récépissé de versement devront spécifier que la somme versée doit faire retour au budget de l'artillerie.

Les états modèle n° III et modèle n° IV de la présente instruction sont complétés, en ce qui concerne le détail des réparations et leur montant, d'après le tarif annexé à ladite instruction.

b. *Contestation.*

L'imputation est prononcée par l'officier Z, lors du versement du matériel à réparer.

En cas de contestation sur le bien fondé de cette imputation, la question est soumise au major ou à l'officier faisant fonctions de major. Si l'entente ne peut se faire entre les parties intéressées, la contestation est jugée en dernier ressort par le conseil d'administration, après avoir entendu le chef de bataillon ou d'escadron sous les ordres duquel se trouve placée l'unité à laquelle appartiennent les appareils, le major représentant le service administratif et l'officier Z représentant le service technique.

c. *Constatation des dépréciations du matériel.*

Les défauts de fabrication sont appréciés par les officiers Z de corps d'armée.

Les détériorations par cas de force majeure, lorsque la valeur de la réparation qu'elles nécessitent est supérieure à 10 francs, sont constatées par un procès-verbal (modèle n° V) établi par le sous-intendant militaire, d'après les rapports des commandants d'unités, visés par le conseil d'administration et approuvé dans les conditions indiquées par l'article 152 du décret du 20 mars 1906 (*B. O. E. M.*, Volume n° 1).

Tous les accidents isolés, survenus au cours d'un même trimestre et n'occasionnant pas une réparations d'une valeur supérieure à 10 francs, sont enregistrés, à leur date réelle, sur un seul état analogue au modèle n° 14 de l'instruction sur le service de l'habillement (*B. O. M. M.*, volume n° 3).

Sur le vu de ces états, accompagné d'un rapport unique

du conseil d'administration, le sous-intendant constate, à la fin de chaque trimestre, par procès-verbal (modèle n° V) les détériorations par cas de force majeure. Les états des commandants d'unités et le rapport du conseil d'administration sont annexés à ce procès-verbal.

Il est établi des pièces et des états distincts pour le matériel d'instruction et pour celui de mobilisation.

ARTICLE 24.

ÉCRITURES A TENIR PAR L'OFFICIER Z.

Indépendamment des documents (registres, inventaires, etc.) dont la tenue est prescrite par les règlements en vigueur, chaque officier Z tient un carnet (modèle n° VI) sur lequel sont enregistrés, suivant leurs numéros d'ordre, les montants de tous les bulletins de réparation; le total en est fait à la fin de chaque trimestre et les totaux trimestriels sont récapitulés à la fin de chaque année.

Sur ce carnet sont également portées les pièces de rechange employées à la réparation des appareils de protection, renseignement qui permet à l'officier Z d'effectuer, en temps utile, le recomplètement des approvisionnements de l'atelier Z, et de justifier vis-à-vis de l'officier chargé du matériel, la sortie des pièces détachées employées.

L'officier Z tient, en outre, un inventaire de l'outillage de l'atelier.

Les différents imprimés à utiliser par les officiers Z des corps de troupe sont à la charge de l'officier chargé du matériel.

TITRE III.

CONTRÔLE RÉGIONAL DE L'ENTRETIEN DU MATÉRIEL DE PROTECTION.

CHAPITRE UNIQUE.

ARTICLE 25.

OFFICIERS Z DE CORPS D'ARMÉE. — ATTRIBUTIONS.

Dans chaque corps d'armée, le contrôle de l'entretien du matériel de protection est confié à un officier, dénommé

« officier Z de corps d'armée », désigné par le Ministre et ayant reçu une instruction spéciale, complétée, lorsqu'il est jugé nécessaire, par des stages d'information, pour lesquels les officiers Z de corps d'armée sont convoqués à Paris, à l'Inspection générale des munitions et du matériel de protection contre les gaz de combat.

Les officiers Z de corps d'armée exercent la surveillance technique des ateliers de réparation au 2e degré établis dans les parcs d'artillerie de leur corps d'armée.

Ils contrôlent chaque année l'état d'entretien du matériel de protection existant dans les corps de troupe, services et établissements de leur corps d'armée. Cependant, pour ne pas allonger outre mesure les tournées de contrôle, il n'est procédé, en principe, que tous les deux ans à la visite du matériel détenu par les détachements de faible importance.

Les officiers Z de corps d'armée sont affectés à un parc d'artillerie possédant un atelier de réparation au second degré. Ils relèvent des généraux commandant les corps d'armée, auxquels ils soumettent le programme de leurs tournées de contrôle. Ces officiers généraux prennent les mesures utiles pour que toutes facilités leur soient données, par les corps de troupe et établissements intéressés, pour l'exécution de leur mission. Ils peuvent, en outre, charger les officiers Z de corps d'armée de faire aux officiers, au cours de leurs déplacements dans les corps de troupe, des démonstrations pratiques sur la conservation et l'entretien du matériel de protection.

Les opérations de contrôle doivent, autant que possible, comporter pour les officiers Z de corps d'armée le minimum de déplacements. A cet effet, les corps peuvent être groupés en un certain nombre de séries par les soins des commandants de corps d'armée, qui tiennent compte de leur lieu de stationnement et des nécessités du service.

Après approbation du programme de contrôle par les généraux commandant les corps d'armée, les officiers Z de corps d'armée adressent au Ministre (3e Direction, 2e Bureau, 9e Section) un compte rendu faisant connaître l'itinéraire détaillé de leur tournée, et donnant la liste des corps de troupe et établissements qui seront visités, avec l'indication des dates des visites. Ce compte rendu est envoyé par l'intermédiaire du général inspecteur général des munitions et du matériel de protection, qui peut formuler ses observations.

Les généraux commandant les corps d'armée peuvent, en outre, en particulier sur la proposition de l'officier Z de corps d'armée, prescrire à ce dernier toutes les visites qu'ils jugent utile de faire effectuer, dans les corps de troupe ou établissements, en dehors des visites annuelles.

Les officiers Z de corps d'armée rendent compte au Ministre de ces visites complémentaires, dans les mêmes conditions que pour leurs tournées annuelles de contrôle.

Les officiers Z de corps d'armée reçoivent du général inspecteur général des munitions et du matériel de protection contre les gaz de combat des directives d'ordre technique relatives à l'exécution de leur service. Ils adressent à cet officier général tous les renseignements qui peuvent leur être demandés, au sujet de l'état de conservation et d'entretien du matériel de protection.

Les officiers Z de corps d'armée sont notés, au point de vue technique, par le général inspecteur général des munitions et du matériel de protection contre les gaz de combat. Ils sont compris dans le travail d'avancement du corps d'armée dont dépend le parc d'artillerie dont ils font partie (1).

Les officiers Z de corps d'armée sont dispensés de tout service dans l'établissement, en dehors de leurs fonctions spéciales.

Les fournitures de bureau et les imprimés qui leur sont nécessaires sont fournis par les parcs d'artillerie auxquels ils comptent.

ARTICLE 26.

CONTRÔLE ANNUEL.

Le contrôle annuel a pour objet :

1° De constater l'état du matériel (instruction et mobilisation) ;

2° D'examiner les réparations faites par les ateliers Z, principalement en ce qui concerne le matériel de mobilisation ;

3° De prononcer le changement de catégorie des appareils ;

4° De vérifier l'exécution des règlements et décisions ministérielles, en ce qui concerne la conservation du matériel.

Dans chaque corps, la visite du matériel est faite en présence de l'officier chargé du matériel s'il s'agit de matériel stocké, en présence d'un officier de l'unité intéressée pour le matériel en service.

L'officier Z du régiment accompagne l'officier Z de corps d'armée lors de ses visites dans les corps, fractions de corps ou unités dont le matériel est entretenu par ses soins.

La visite a lieu soit dans les chambres mêmes occupées par les hommes, soit dans un local du casernement momen-

---

(1) Voir *B. O.*, vol. n° 22 *bis*, p. 48.

tanément affecté à cet usage, et s'effectue dans les conditions suivantes :

1° *Dans chaque unité administrative*, tous les appareils sont présentés ; à cet effet, ils sont disposés sur des lits ou sur des tables, rangés par catégories d'appareils, et, dans chaque catégorie, si possible par ancienneté de fabrication ; chaque appareil en service porte le nom et le numéro matricule de son détenteur. Le commandant de l'unité signale les appareils lui paraissant en état de conservation suspect et ceux qui ont été réparés soit au corps, soit dans un établissement de l'artillerie.

L'officier Z de corps d'armée passe dans toutes les unités administratives, mais, dans chacune d'elles, il n'est pas tenu d'examiner en détail tous les appareils ; il suffit que par l'examen attentif d'une partie d'entre eux, il puisse se rendre un compte exact de l'état d'entretien des appareils dans l'unité. Il peut faire séjourner cinq minutes en atmosphère infectée un certain nombre d'hommes munis de leur appareil de protection, s'il le juge utile, pour se rendre compte de l'étanchéité des appareils.

2° *Dans les magasins du corps*, il examine un certain nombre d'appareils pris dans chacun des locaux servant de magasin. Les appareils ne sont pas sortis, avant la visite, des caisses où ils sont conservés ; mais, au moment de la visite, l'officier Z de corps d'armée fait ouvrir un certain nombre de caisses et examine quelques appareils dans chacune d'elles.

Il s'assure que les locaux où est déposé le matériel de protection en service ou en réserve sont suffisamment secs. Il s'assure également que l'atelier Z de régiment est convenablement installé.

Il guide les officiers Z dans l'exécution des réparations et leur donne tous les renseignements nécessaires pour assurer la durée et la conservation du matériel de protection contre les gaz de combat.

Dès que la visite d'un corps de troupe ou établissement est terminée, l'officier Z de corps d'armée établit pour ce corps ou établissement un rapport où il inscrit, par unité et par magasin, et pour chaque type d'appareil, ses observations sur l'état de conservation et sur l'entretien du matériel.

Ce rapport est remis au chef de corps qui y consigne, s'il y a lieu, ses observations à la suite de celles de l'officier Z de corps d'armée ; il est transcrit sur un registre spécial conservé au corps.

Les rapports de l'officier Z de corps d'armée sont adressés au général commandant le corps d'armée (1) qui les trans-

(1) Corps d'armée colonial pour les corps de troupe coloniaux.

met, au fur et à mesure de leur réception, au Ministre par l'intermédiaire du général Inspecteur général des munitions et du matériel de protection contre les gaz de combat, en y joignant ses observations et l'indication des mesures prises pour donner satisfaction aux propositions de l'officier Z de corps d'armée et du chef de corps.

Toutefois, en ce qui concerne les corps de troupe coloniaux, les rapports sont d'abord communiqués au général commandant le corps d'armée sur le territoire duquel sont stationnés ces corps, avant d'être transmis au général commandant le corps d'armée colonial.

ARTICLE 27.

PRÉLÈVEMENTS D'APPAREILS POUR CONTRÔLE.

Au cours de leurs tournées de contrôle, les officiers Z de corps d'armée peuvent prélever quelques appareils (en petit nombre) leur paraissant particulièrement suspects ou ayant subi des détériorations présentant un intérêt spécial.

En outre, le Ministre peut prescrire de faire prélever un certain nombre d'appareils, soit par les inspecteurs adjoints du matériel de protection, soit par les officiers Z de corps d'armée, soit par les officiers Z des parcs d'artillerie ou des corps de troupe.

Les appareils prélevés sont munis d'une étiquette portant un numéro d'ordre et indiquant l'unité ainsi que le local et les conditions d'emmagasinage et d'emballage. Un état reproduisant les inscriptions figurant sur les étiquettes est conservé par le corps ou le magasin pour permettre, le cas échéant, de retrouver les stocks d'appareils dont le mode de conservation peut être considéré comme assimilable à celui des divers appareils envoyés au contrôle.

Les appareils prélevés, convenablement emballés, sont expédiés de suite au parc de ravitaillement dans les mêmes conditions que les appareils ne pouvant être réparés à l'atelier Z du corps. Le parc envoie immédiatement au corps, sans ordre ministériel spécial, des appareils de remplacement en nombre égal et expédie sans délai les appareils prélevés, normalement au laboratoire de l'atelier Z 2 du parc d'artillerie régional, et, exceptionnellement, lorsque l'officier Z de corps d'armée le spécifie, au laboratoire de contrôle de l'Entrepôt de réserve générale de matériel d'Aubervilliers (1).

Tous les appareils provenant d'un même corps ou magasin sont réunis dans un même envoi.

---

(1) Dans ce cas, le parc se conforme aux dispositions de détail prévues à l'art. 21 (1re partie, p. 36).

TITRE IV.

INSPECTION DU MATÉRIEL DE PROTECTION.

CHAPITRE UNIQUE.

ARTICLE 28.

ATTRIBUTIONS DU GÉNÉRAL INSPECTEUR GÉNÉRAL DU MATÉRIEL DE PROTECTION CONTRE LES GAZ DE COMBAT.

Le général inspecteur général des munitions remplit les fonctions d'inspecteur général du matériel de protection contre les gaz de combat.

Il est chargé, au nom du Ministre, de s'assurer que les instructions en vigueur et les prescriptions diverses relatives à l'emmagasinement, à la conservation et à l'entretien des appareils de protection contre les gaz sont correctement appliquées par les établissements, services et corps de troupe de toutes armes. A cet effet, il effectue, ou fait effectuer par les officiers qui lui sont adjoints, les tournées d'inspection qu'il juge utiles ou qui lui sont prescrites par le Ministre (1).

Il exerce le contrôle général, au point de vue technique, des officiers Z de corps d'armée. Il est le guide technique de ces officiers et leur indique, le cas échéant, les points particuliers sur lesquels ils doivent porter leur attention au cours de leurs visites. Il provoque, lorsqu'il le juge utile, l'organisation des stages d'information mentionnés à l'article 25 de la présente instruction. Il correspond avec les officiers Z de corps d'armée, sous le couvert du général commandant le corps d'armée dont ils relèvent.

Il adresse, le 1er octobre de chaque année, au Ministre (3e Direction, 2e Bureau, 9e Section) des propositions relatives à l'instruction spéciale des officiers Z et sous-officiers Z des corps de troupe et des parcs d'artillerie.

Il exerce le contrôle technique des approvisionnements, du matériel et des ateliers de l'Entrepôt de réserve générale

---

(1) Dans ce dernier cas, les inspections du général inspecteur général peuvent être inopinées.

de matériel d'Aubervilliers. Il s'assure que toutes les prescriptions relatives à l'entretien et à la conservation de ce matériel sont correctement appliquées.

Il assure la préparation de la mobilisation de l'inspection générale du service des gaz de combat aux armées et de l'inspection du matériel de protection contre les gaz de combat à l'intérieur.

Il établit annuellement un rapport d'ensemble résumant les observations recueillies au cours des tournées qu'il a effectuées ou fait effectuer par les officiers qui lui sont adjoints, ainsi que celles qui résultent de l'examen des rapports des officiers Z de corps d'armée. Il fait ressortir les constatations qui lui ont été signalées le plus fréquemment et auxquelles il importe de remédier, soit en ce qui concerne l'organisation du service dans les établissements et les corps de troupe, soit en ce qui concerne les imperfections du matériel. Sur ce dernier point, il indique les études qu'il conviendrait d'entreprendre pour apporter aux appareils en service les améliorations désirables.

ARTICLE 28 *bis*.

RÔLE DES OFFICIERS ADJOINTS AU GÉNÉRAL INSPECTEUR GÉNÉRAL DU MATÉRIEL DE PROTECTION CONTRE LES GAZ DE COMBAT.

Les officiers adjoints au général inspecteur général des munitions et du matériel de protection contre les gaz de combat sont chargés d'exercer l'inspection des établissements, services et corps de troupe de toutes armes, détenteurs de matériel de protection contre les gaz de combat qui leur sont désignés par le général inspecteur général.

A la suite de chaque visite, ces officiers établissent, en double expédition, un procès-verbal de mission faisant connaître les points sur lesquels a porté l'inspection et terminé, s'il y a lieu, par des propositions.

Ces procès-verbaux sont transmis au Ministre (3e Direction, 2e Bureau, 9e Section) par le général inspecteur général, l'un directement, l'autre par l'intermédiaire du général commandant le corps d'armée intéressé, qui consigne sur cet exemplaire son avis et ses observations (1).

---

(1) Les observations du directeur de l'établissement ou du chef de corps intéressé doivent toujours être portées sur l'exemplaire transmis par le général commandant le corps d'armée.

DEUXIÈME PARTIE.

TITRE UNIQUE.

RENSEIGNEMENTS TECHNIQUES.

CHAPITRE PREMIER.

CONSERVATION DU MATÉRIEL.

ARTICLE 29.

SOINS À PRENDRE POUR LA CONSERVATION DU MATÉRIEL DE PROTECTION.

Les parties des appareils de protection contre les gaz de combat les plus susceptibles de détérioration sont celles qui sont constituées par du caoutchouc et les substances absorbantes ou neutralisantes.

Le caoutchouc durcit progressivement sous l'action de l'air et de la lumière; il s'écaille, l'action du froid peut lui faire perdre sa souplesse primitive.

Les substances qui imprègnent les gazes du masque M 2 ou du masque Decaux peuvent être sujettes à transformation sous l'action des moisissures qui se développent en présente de l'humidité. D'autre part, elles peuvent décomposer le caoutchouc du loup sous l'action d'une forte chaleur.

La vapeur d'eau et l'acide carbonique de l'air altèrent le contenu du bidon filtreur de l'appareil Tissot et celui des cartouches des appareils isolants.

En conséquence, il convient d'appliquer les prescriptions relatives à l'entretien de chaque appareil qui sont contenues dans le règlement concernant les gaz de combat approuvé le 8 novembre 1918, et de prendre en outre les mesures suivantes :

Conserver les appareils de protection contre les gaz à l'abri de l'air et de la lumière, c'est-à-dire en caisses, s'ils ne comportent pas l'emploi de boîtes individuelles, et dans des locaux secs.

Autant que possible, maintenir à une température supérieure à 0° les magasins renfermant des appareils qui comportent des éléments de caoutchouc, dont la souplesse est indispensable [appareils A. R. S., Tissot, etc.] (1).

Ne pas mettre les masques M 2 de mobilisation dans les étuis métalliques, mais les conserver dans des caisses d'emballage, à plein bois, tapissées intérieurement de papier résistant et épais. Emmagasiner ces caisses dans des locaux non humides qui se maintiennent, pendant l'été, aussi frais que possible, et qui soient garantis des rayons du soleil (obscurcir les vitres à l'aide de peinture bleue ou de rideaux).

Pour mettre les masques M 2 et Decaux à l'abri de l'action de l'humidité, placer dans les locaux où ils sont emmagasinés des récipients plats contenant de la chaux vive sur 10 centimètres au maximum d'épaisseur et à raison de 1 kilogramme par mètre cube du volume du local : changer au besoin cette chaux dans les locaux très humides qu'il est nécessaire d'utiliser, n'ouvrir les fenêtres que par temps sec.

Placer les vêtements en tissu huilé dans des caisses à plein bois et dans des locaux isolés des autres bâtiments, de façon à diminuer les causes d'incendie.

Appareil Tissot.

(Les mesures prescrites ci-après pour les appareils Tissot ne doivent être appliquées qu'en temps de paix. Remettre les appareils en leur état normal avant leur mise en service ou en cas de mobilisation.)

Séparer le masque du tuyau souple. Dévisser celui-ci et le séparer du bidon filtreur ; enlever également la cartouche additionnelle.

Obturer l'orifice inférieur du bidon filtreur à l'aide du bouchon spécial, et l'orifice supérieur de la façon suivante : mettre la rondelle du raccord coudé à sa place ordinaire, placer au-dessus un disque de carton paraffiné d'épaisseur et de diamètre égaux à ceux de la rondelle, maintenir le tout en vissant l'écrou du raccord coudé, préalablement séparé du tuyau souple.

Enduire de paraffine fondue les joints des bouchons du raccord droit, de l'orifice d'entrée d'air et du trou de vidange.

---

(1) Il y a lieu, surtout en cas d'insuffisance de combustible, de munir les fenêtres de couvertures formant rideaux, de façon à réduire l'abaissement de température pendant la nuit.

Enlever l'écarteur et le remplacer par un papier pressé.

Rendre rigide le tube et la bague d'œillère par l'introduction à l'intérieur d'un petit cylindre de bois de dimensions appropriées.

Pour placer l'appareil dans la caisse à section rectangulaire, mettre le bidon filtreur à sa position normale, c'est-à-dire l'orifice supérieur du côté opposé aux vitres de rechange; mettre ensuite la cartouche additionnelle du côté de l'orifice supérieur. Disposer le masque, l'écarteur et le protège-soupape au-dessus des vitres de rechange. Placer le tuyau souple sur le bidon filtreur et contre la paroi de la caisse qui porte les charnières.

Appareils Draeger, Fenzy G. M. et Fenzy P. M.

Conserver l'appareil sans cartouches et, si la cartouche n'est pas munie de chapeaux, en boucher hermétiquement les orifices au moyen de bouchons en caoutchouc et enduire les joints des bouchons de paraffine fondue.

Séparer le sac respiratoire de son enveloppe; le conserver à plat (appareil Draeger).

Interposer une petite épaisseur de bois ou de carton entre les tampons des pince-narines.

CHAPITRE II.

VISITE DÉTAILLÉE DES DIFFÉRENTS APPAREILS.

ARTICLE 30.

VISITE DÉTAILLÉE DES APPAREILS A. R. S.

La visite des appareils A. R. S. comprend :

1° La visite proprement dite;

2° Une épreuve de fonctionnement.

1° Visite proprement dite.

La visite proprement dite comprend :

a. *Examen du système d'attache et du ruban de suspension.*

Vérifier l'état des élastiques du système d'attache et du serre-nuque, l'état du ruban de suspension (solidité des points d'attache, résistance, conservation de l'élasticité).

b. *Examen du tissu caoutchouté du masque.*

Pour vérifier l'état du tissu caoutchouté : écarter le tissu huilé du tissu caoutchouté, saisir le tissu caoutchouté et le frotter sur lui-même. Un frottement doux indique un tissu en bon état, un crissement décèle au contraire un tissu écaillé; dans ce dernier cas, et s'il s'agit d'appareils de mobilisation, les mettre à part pour les présenter à l'officier inspecteur lors de l'inspection annuelle. S'il y a des taches, gratter légèrement le tissu; si ce dernier se désagrège, le masque est à changer.

S'il existe des petits trous près des coutures ou près des ligatures du masque sur l'embase, le masque est à changer.

c. *Examen de la bande frontale ou de la bande mentonnière.*

Le tissu caoutchouté formant cette partie du masque doit être souple, afin de bien s'appliquer sur le pourtour du visage, et ne doit pas être écaillé afin d'assurer une parfaite étanchéité.

d. *Examen des coutures du masque.*

Vérifier si toutes les coutures du masque sont solides, si les coutures du tissu caoutchouté sont recouvertes d'une couche d'enduction n° 2 (composition *liquide,* de couleur kaki à base de caoutchouc) et si les coutures du tissu huilé sont recouvertes de vernis violet.

e. *Examen des deux ligatures du masque sur l'embase.*

Vérifier l'état des ligatures du masque sur l'embase, vérifier si le joint entre l'embase et le masque est recouvert d'enduction n° 1 (composition *épaisse* de couleur kaki à base de caoutchouc).

f. *Examen du loup.*

Exercer à la main une légère traction sur le loup afin de vérifier l'état du caoutchouc aux coutures : si le loup cède, il doit être changé. Vérifier de même l'état des œillères. Vérifier la souplesse du caoutchouc, s'assurer de l'état des œillères qui ne doivent pas être percées.

g. *Examen des viseurs et des fixe-vitres.*

Les viseurs ne doivent être ni fissurés, ni fendillés, ni rayés, ni gondolés : ils ne doivent pas présenter une teinte jaunâtre accentuée.

Vérifier que la partie festonnée ou les pans coupés du viseur se trouvent à l'intérieur du masque et que la rondelle-joint en carton est interposée entre le disque et la partie métallique. Vérifier que, dans les viseurs en acétylcellulose, la lettre G est lue à l'endroit quand on la regarde de l'intérieur du masque. Vérifier que les fixe-vitres possèdent bien toutes leurs griffes et sont peints en entier.

h. *Examen du dispositif anti-buée.*

Procéder à la vérification du bon état du tissu caoutchouté de l'entonnoir, comme pour le masque proprement dit. Regarder si la partie métallique (cylindre-ventouse à festons et à griffes, et disque à trois bandes radiales bombées) n'est pas rouillée.

i. *Examen du protège-soupape.*

Vérifier l'état dre la grille (poussière, corps étranger ou vert-de-gris) ; vérifier l'état des griffes.

j. *Examen de l'embase.*

Vérifier que l'embase n'est pas rouillée. Vérifier que le raccord femelle porte-cartouche n'est pas bosselé, que sa rondelle de caoutchouc est en bon état et est retenue par ses quatre griffes. S'assurer que l'écrou fileté n'est pas bosselé ou fendu.

k. *Examen de la cartouche.*

Examiner l'état de la peinture.

Vérifier que le corps de la cartouche ne présente pas de perforation, n'est pas oxydé, que le raccord mâle n'est pas bosselé.

Les cartouches portant une étoile noire apposée sur la face munie du pas de vis sont seules réglementaires pour l'approvisionnement de mobilisation. Les cartouches qui ne portent pas cette étoile peuvent néanmoins être utilisées pour les appareils d'instruction.

Cartouches de rechange.

Opérer de la même façon pour les cartouches de rechange. S'assurer que la cartouche est bien munie de ses deux couvercles en carton.

1. *Examen de la boîte métallique.*

S'assurer que la boîte n'est pas bosselée, rouillée, que la peinture ne se détache pas, que la sangle et la patte d'attache sont en bon état, que les passants, le poussoir et la charnière sont bien fixés à la boîte. Vérifier le bon état du viseur de rechange qui se trouve au fond de la boîte, de sa pochette, de son disque en carton et de son ruban.

m. *Examen de la bonnette pour A. R. S.*

Vérifier l'état des coutures du pare-pluie de la bonnette et du point d'attache du cordon de serrage. Vérifier l'état du molleton de la bonnette.

n. *Vérification du pourcentage des différentes tailles d'appareils constituant la réserve de guerre.*

Le pourcentage des différentes tailles d'appareils constituant la réserve de guerre est le suivant (1) :

Grande taille (G. T.)	7 p. 100
Taille ordinaire (T. O.)	68 —
Petite taille (P. T.)	25 —

2° ÉPREUVE DE FONCTIONNEMENT.

Sont soumis à cette épreuve tous les appareils de mobilisation (2) qui ont été examinés au cours de la visite annuelle, sauf ceux qui ont à subir des réparations à la suite desquelles ils seront éprouvés en atmosphère viciée (voir chap. IV, art. 52, nota) et sauf ceux qui doivent être envoyés à l'atelier Z 2.

Constituer des équipes d'hommes habitués au port du

(1) Sauf pour les militaires malgaches et annamites pour lesquels les pourcentages sont fixés comme suit :

	MALGACHES.	ANNAMITES.
Grande taille..................	3 p. 100	6 p. 100
Moyenne taille..................	35 p. 100	54 p. 100
Petite taille..................	62 p. 100	40 p. 100

(2) Pour les appareils d'instruction, cette épreuve est remplacée par les passages normaux en chambre à gaz.

masque. Munir chaque homme d'un appareil A. R. S.; en vérifier la bonne adaptation.

Faire séjourner les hommes par séries de dix ou davantage pendant 5 minutes dans la chambre à gaz, dont l'atmosphère a été viciée avec du bromure de benzyle.

Exercer une surveillance rigoureuse pour éviter toute fraude ou toute indication erronée (par exemple, veiller à ce que les hommes ne dérangent pas le masque pendant l'épreuve, s'assurer que les hommes signalant un défaut d'étanchéité du masque à la suite du passage en atmosphère viciée ont bien eu les yeux atteints par le bromure de benzyle, etc.).

Les appareils non étanches et ceux qui présentent une trop grande résistance à la respiration sont classés parmi les appareils défectueux ne pouvant être réparés au régiment.

Désinfecter tous les appareils ayant subi l'épreuve et qui ne doivent pas être envoyés, pour réparations, dans un parc d'artillerie.

ARTICLE 31.

VISITE DÉTAILLÉE DES MASQUES M2.

La visite des masques M 2 comprend les opérations suivantes :

a. *Examen du système d'attache et du ruban de la position d'attente.*

(Voir appareil A. R. S., *a*.)

b. *Examen du parc-pluie.*

Vérifier le bon état du tissu ; vérifier les coutures.

c. *Examen des compresses de gaze.*

Normalement, le masque est gras et légèrement humide au toucher. Cette humidité est voulue, elle tient à la nature des substances qui imprègnent les gazes et rendent la protection plus efficace. Ne pas confondre cet état avec celui qui peut résulter des causes accidentelles envisagées ci-après.

Le mouillage du masque avec quelque liquide que ce soit est interdit. Un masque trempé par l'eau ou moisi est remplacé comme hors d'usage. (Après un emploi prolongé du masque, l'intérieur peut présenter un état d'humidité très marqué, mais le masque n'est pas de ce fait hors d'usage; dans ce cas, faire sécher à l'air avant la remise dans l'étui. Ne jamais faire sécher près du feu.)

Ne pas confondre les moisissures avec les efflorescences de sels de soude qui se voient souvent sur les compresses et ne sont pas un signe de mauvais état du masque : les moisissures forment de petites masses cotonneuses et sont de couleurs gris verdâtre, on peut les enlever aisément en frottant avec une brosse ou un linge rude. Les efflorescences sont nettement blanches, dures au toucher et adhèrent assez fortement ; prélevées délicatement avec la pointe d'un couteau propre et traitées par quelques grouttes d'eau distillée sur un morceau de verre, elles se dissolvent facilement, tandis que les moisissures, dans les mêmes conditions, restent insolubles.

d. *Examen des coutures du masque.*

Vérifier que toutes les coutures sont solides.

e. *Examen du loup.*

(Voir appareil A. R. S., *f*.)

Il arrive fréquemment que le caoutchouc du loup se décompose au contact des gazes imprégnées, il devient visqueux, se liquéfie et coule sur les tissus du masque. Retirer des approvisionnements les masques présentant cette détérioration.

f. *Examen des viseurs et des fixe-vitres.*

(Voir appareil A. R. S., *g*.)

g. *Examen de l'étui métallique.*

S'assurer que l'étui n'est pas bosselé, rouillé, que la peinture ne se détache pas, que le cordeau est en bon état et que le couvercle coulisse librement le long de ce cordeau, que les passants sont en bon état.

h. *Examen de la pochette.*

Vérifier le bon état du tissu du ruban, de la boutonnière, du bouton, du viseur de rechange.

ARTICLE 32.

VISITE DÉTAILLÉE DES APPAREILS TISSOT.

La visite des appareils Tissot comporte les opérations suivantes :

a. *Examen de l'état des vitres et des fixe-vitres.*

Vérifier que les vitres ne sont pas fendues, que les fixe-vitres sont en bon état (griffes, peinture).

b. *Examen de l'écarteur.*

Vérifier que les branches de l'écarteur ne sont ni cassées ni rouillées et que les extrémités sont munies d'une garniture de caoutchouc.

c. *Examen du protège-soupape d'expiration.*

Vérifier que le caoutchouc est souple et en bon état, que la ligature n'est pas rouillée, que la bague du protège-soupape n'est pas rouillée ou déformée.

d. *Examen de la tubulure multiple, de sa grille et de la soupape d'expiration.*

Vérifier que la tubulure multiple n'est pas rouillée ni déformée, que la peinture ne se détache pas, que la grille est propre, que les tubes d'arrivée et de sortie d'air sont soudés ensemble ou réunis par le trèfle à quatre feuilles. Vérifier le fonctionnement de la soupape d'expiration : en secouant le masque, on doit entendre le clapet retomber sur son siège; s'il n'en est pas ainsi, il suffit, pour décoller le clapet, de frapper un petit coup avec la paume de la main sur la pipe renversée.

e. *Examen du masque en caoutchouc.*

Vérifier l'élasticité du caoutchouc. Vérifier en étirant avec précaution le caoutchouc que le masque n'est ni troué, ni déchiré, que les renforts de son contour et des œillères sont intactes. Toute déchirure entraîne le remplacement du masque.

Vérifier que les tuyaux d'œillère ne sont pas percés, que les ligatures de ces tuyaux d'œillère n'ont pas détérioré le caoutchouc du masque. Vérifier l'état des bagues d'œillère (qui ne doivent être ni rouillées ni déformées), des bouchons d'obturation et de leurs ficelles.

f. *Examen des brides.*

Vérifier l'élasticité des brides en exerçant quelques tractions. Vérifier qu'elles ne sont pas décollées.

g. *Examen du masque en tissu.*

(Voir appareil A. R. S., *a*, *b*, *c*, *d*, *f*.)

S'assurer qu'il est fixé au tube de sortie d'air et aux tubes d'œillère.

h. *Examen du ressort canette et de son joint.*

Vérifier que le ressort-canette joue bien et que son joint n'est ni détérioré ni desséché.

i. *Examen du tuyau.*

Vérifier la souplesse du caoutchouc formant le tuyau. S'assurer que ce dernier ne présente pas de trou. Vérifier que le raccord droit n'est pas déformé, ni rouillé, que la peinture ne se détache pas. Examiner l'état du bouchon d'obturation et de sa ficelle (1). Vérifier que le raccord coudé n'est pas déformé, ni rouillé, que son écrou n'est pas écrasé, que la rondelle en caoutchouc est en bon état, que la peinture ne se détache pas. Vérifier le bon fonctionnement de la soupape d'expiration; en secouant le tube, on doit entendre cette soupape retomber sur son siège. Vérifier que les ligatures ne sont pas rouillées, que le caoutchouc n'est pas usé à cet endroit et que le joint du tuyau souple et des raccords est enduit de colle.

j. *Examen du bidon filtreur.*

Vérifier que le bidon filtreur n'est pas rouillé, que la peinture ne se détache pas. Vérifier le bon état des bouchons d'obturation et de leurs ficelles, des chapes et des cordelettes de suspension et d'attache. Vérifier que le raccord mâle du raccord coudé n'est pas écrasé et que sa soudure sur le bidon filtreur est en bon état, que la soude n'a pas traversé les parois du bidon filtreur, en particulier le long des soudures. Si l'on ne voit des écoulement de soude qu'à l'intérieur, au-dessus de l'orifice inférieur, ne pas en tenir compte dans les résultats de la vérification, à la condition toutefois qu'une quantité de soude importante ne soit pas sortie de l'appareil (2).

k. *Examen de la cartouche additionnelle et de sa rondelle-joint.*

Vérifier que la cartouche additionnelle n'est ni détériorée ni rouillée, que la peinture ne se détache pas. Vérifier que la rondelle-joint n'est pas écaillée, déchirée ou rigide. Vérifier le bon état des sangles de fixation.

---

(1) Dans les approvisionnements, le bouchon d'obturation doit être garni de paraffine fondue.

(2) Dans les approvisionnements, le bouchon de l'orifice inférieur ainsi que le bouchon de vidange doivent être garnis de paraffine fondue; quand cette opération a été faite, ne plus enlever les bouchons pour les visiter.

1. *Examen de la caisse.*

Vérifier le bon état de la caisse et de la sangle de suspension. Vérifier la mise en place de l'appareil dans sa caisse.

ARTICLE 33.

VISITE DÉTAILLÉE DES APPAREILS DRAEGER.

La visite des appareils Draeger comporte les opérations suivantes :

a. *Examen des lunettes.*

Les lunettes jointes à l'appareil sont de deux types :

Premier type. — Lunettes à bourrelets pneumatiques.

Vérifier le bon état des viseurs, du caoutchouc, de l'arc métallique, du système d'attache, de la boîte métallique.

Deuxième type. — Lunettes à monture en caoutchouc doublée de molleton.

Vérifier l'état des viseurs, du caoutchouc, du molleton, du fil métallique, du système d'attache et de la pochette.

b. *Examen de l'embouchure et du pince-narines.*

Vérifier l'état du caoutchouc de l'embouchure. Vérifier que cette dernière est collée sur le bec courbé et fixée solidement au moyen d'une ligature de fil de lin. Vérifier que cette ligature est recouverte d'une bague en caoutchouc. Vérifier l'état du bouchon, du pince-narines et du lacet d'attache. Remettre un nouveau sac de papier et le plomber, après avoir désinfecté l'embouchure si le sac en papier n'existait pas ou si son plomb n'était pas intact.

c. *Examen du tube flexible en caoutchouc.*

Vérifier qu'il n'est pas percé et qu'il est fixé solidement. Vérifier l'état des ligatures et des bagues de caoutchouc.

d. *Examen de la cartouche.*

Vérifier que les deux orifices sont bouchés et, s'il s'agit d'un appareil de mobilisation, que l'un au moins de ces orifices est muni d'un chapeau métallique avec bande de garantie.

Pour vérifier que le contenu de la cartouche est en bon état, secouer l'appareil : on doit entendre un cliquetis très net ; si le contenu est en mauvais état, le cliquetis est faible ou ne se produit pas.

Toute cartouche en mauvais état est remplacée.

Une cartouche montée sur un appareil ayant fonctionné, même pendant quelques minutes seulement, doit être remplacée par une cartouche neuve.

e. *Examen du sac respiratoire.*

1° Vérifier que la surface extérieure du sac ne présente ni déchirure, ni coupures. Pour vérifier l'étanchéité, souffler dans le sac, après l'avoir séparé de l'appareil, et le gonfler presque complètement. Boucher hermétiquement avec la paume de la main ou un bouchon de caoutchouc le raccord du sac. Appuyer légèrement sur le sac avec l'autre main à plat. Si le sac se dégonfle lentement, c'est qu'il n'est pas étanche, il est à remplacer.

2° Si on dispose d'une bouteille d'oxygène entamée, on peut vérifier l'étanchéité du sac, l'appareil étant complètement monté ; à cet effet, après avoir bien fermé l'embouchure, remplir presque complètement le sac d'oxygène. Appuyer ensuite légèrement avec la main sur le sac. Si ce dernier se vide, l'appareil n'est pas étanche. Dans ce cas, revoir tous les raccords et les remonter après avoir remplacé les joints en cuir, s'il y a lieu. Gonfler le sac à nouveau ; s'il se vide encore, le sac est à remplacer.

f. *Examen de la bouteille à oxygène.*

La quantité d'oxygène contenue dans les récipients est vérifiée par l'officier Z de corps d'armée au cours de sa visite. Deux procédés peuvent être utilisés pour cette vérification : le manomètre et les pesées ; pour ces opérations, les récipients sont démontés.

Pour utiliser le manomètre, le visser à fond sur le raccord fileté de la bouteille, ouvrir le robinet et lire sur le cadran du manomètre l'indication donnée par l'aiguille. Fermer le robinet avant de dévisser le manomètre. *Ne mettre aucune substance grasse sur les raccords.*

Après la vérification, remettre un plomb au capuchon de sécurité.

Le procédé des pesées donne aussi des indications sur la quantité d'oxygène renfermée dans une bouteille : chaque bouteille (volume 0 lit. 300) contient une réserve d'oxygène comprimé à 150 kilogrammes qui correspond à environ 45 litres à la pression atmosphérique, et qui pèse 60 grammes environ.

Les bouteilles portent la mention de leur poids, déterminé après chargement et apposition du capuchon de sécurité. Cette mention figure :

sur une étiquette collée à la bouteille ;

sur une médaille en fer-blanc fixée au robinet. Pour vérifier le chargement de la bouteille, peser celle-ci (une balance ordinaire du commerce de 3 ou de 5 kilogrammes donne une précision suffisante).

Toute bouteille dont la pression, vérifiée au manomètre, est inférieure à 75 kilogrammes ou dont le poids est inférieur de plus de 20 grammes au poids mentionné est retirée des approvisionnements de mobilisation ; elle peut être utilisée pour l'instruction ou pour la vérification de l'étanchéité du sac respiratoire des appareils isolants.

g. Examen du raccord à trois branches.

S'assurer que ce raccord n'est pas détérioré. Vérifier l'état des raccords mâles. Vérifier que chaque raccord femelle est muni d'un joint en cuir en bon état. Les raccords doivent être toujours vissés à fond.

h. Examen de l'enveloppe et du système d'attache.

Vérifier la solidité des sangles, des coutures, de l'agrafe, des boutons, des mousquetons, la présence de la clef de serrage, la solidité de son lacet.

ARTICLE 34.

VISITE DÉTAILLÉE DES APPAREILS FENZY P. M.

La visite des appareils Fenzy P. M. comporte les opérations suivantes :

a. Examen des lunettes.

(Voir appareil Draeger, *a*.)

b. Examen de l'embouchure et du pince-narines.

(Voir appareil Draeger, *b*.)

c. Examen du tube souple.

(Voir appareil Draeger, *c*.)

d. Examen de la cartouche.

(Voir appareil Draeger, *d*.)

e. Examen du sac.

(Voir appareil Draeger, *e*, 1°.)

f. *Examen des raccords.*

(Voir appareil Draeger, *g.*)

g. *Examen des perforateurs, des lanternes, des joints.*

Dévisser la vis-arrêtoir de la lanterne, puis la lanterne. Vérifier ses filets. Vérifier le bon état du joint en caoutchouc, du logement du col des capsules. Vérifier le bon état des perforateurs. Vérifier l'état des vis de serrage.

h. *Examen des capsules Sparklet.*

Le col doit être intact et sa membrane métallique ne doit porter aucune trace de perforation.

i. *Examen de la boîte métallique.*

Vérifier que la boîte métallique n'est pas bosselée ou rouillée, que la peinture ne se détache pas.

ARTICLE 35.

VISITE DÉTAILLÉE DES APPAREILS FENZY G. M.

(Appareils M. G. G. de longue durée.)

La visite des appareils Fenzy G. M. comporte les opérations suivantes :

a. *Examen des lunettes.*

(Voir appareil Draeger, *a.*)

b. *Vérification de l'appareil buccal.*

Vérifier l'état du caoutchouc. S'assurer du bon fonctionnement des soupapes. A cet effet, souffler par l'extrémité libre des tubes souples d'expiration et d'inspiration : on doit pouvoir aspirer dans le premier et expirer dans le second avec facilité. L'opération inverse ne doit pas être possible.

Remettre un nouveau sac de papier, et le plomber, après avoir désinfecté l'embouchure si le sac en papier n'existait pas ou si le plomb n'était pas intact.

c. *Examen des chapeaux d'obturation.*

Vérifier que les chapeaux sont en bon état, qu'ils sont munis de leurs rondelles d'étanchéité et de leurs chaînettes d'attache.

d. *Examen des tubes souples d'inspiration et d'expiration.*

Vérifier le bon état du caoutchouc et des ligatures sur l'appareil buccal et sur les raccords coudés. Vérifier que les ligatures sont recouvertes des bagues de caoutchouc.

c. *Examen des raccords.*

Voir s'ils ne sont pas rouillés et s'ils sont munis de leurs rondelles d'étanchéité. Vérifier le bon état de l'écrou à oreilles.

f. *Examen du récipient à salive.*

Voir s'il n'est pas rouillé ou perforé.

g. *Examen des cartouches.*

(Voir appareil Draeger, *d.*)

h. *Examen du sac respiratoire.*

(Voir appareil Fenzy P. M. *e.*)

i. *Examen de la bouteille d'oxygène.*

(Voir appareil Draeger, *f.*)

Vérifier l'écrou de serrage du raccord réducteur de pression. Vérifier les ligatures, le bon état du raccord en caoutchouc du tube en laiton et du sac respiratoire.

j. *Examen de la caisse.*

Vérifier le bon état de la caisse, des bretelles, de la ceinture et des boucles de l'appareil. Vérifier la présence de la clef de serrage et des joints de rechange.

ARTICLE 36.

VISITE DÉTAILLÉE DES EFFETS SPÉCIAUX DE PROTECTION.

La visite des effets spéciaux de protection comprend les opérations suivantes :

a. *Examen des bourgerons et salopettes.*

Vérifier qu'ils ne sont pas percés, déchirés ou décousus. Vérifier que les coutures ne sont pas distendues, qu'elles sont recouvertes de vernis violet. Vérifier que les pattes du bout des manches du bourgeron, ou que les tresses se trouvant à la taille ou au bas des jambes des salopettes sont en bon état et solidement cousues.

Si le tissu paraît usé en certains points, interposer la partie défectueuse entre l'œil et le soleil, elle ne doit pas laisser passer la lumière.

En principe, le pourcentage des différentes tailles est fixé de la façon suivante :

Bourgerons : 25 p. 100 taille n° 1 (lettre L), 50 p. 100 taille n° 2 (lettre M), 25 p. 100 taille n° 3 (lettre C) ;

Salopettes : 50 p. 100 taille n° 1, 50 p. 100 taille n° 2, et pour chacune, moitié avec longueur M d'entre-jambes, et un quart avec chaque longueur C et L.

b. *Examen des bottes.*

Examiner la semelle en bois, voir si elle n'est pas brisée, si elle est solidement fixée à la tige en tissu huilé. Vérifier l'état des cordes et des lanières. Vérifier l'état du tissu et des coutures comme pour le bourgeron. Vérifier que les bottes en caoutchouc ne sont ni déchirées ni perforées.

En principe, le pourcentage des différentes tailles des bottes en toile huilée est le suivant :

15 p. 100 de pointure 26-27 ; 40 p. 100 de pointure 28-29 ; 40 p. 100 de pointure 30-31 ; 5 p. 100 de pointure 32-33.

c. *Examen des moufles.*

Vérifier s'ils ne sont pas percés ou déchirés. Vérifier l'état du tissu et des coutures comme pour le bourgeron.

ARTICLE 37.

VISITE DÉTAILLÉE DES MASQUES DECAUX POUR CHEVAUX.

La visite des masques Decaux comprend les opérations suivantes :

a. *Examen du système d'attache.*

Vérifier la solidité du ruban d'attache, des points de couture du crochet et de la boucle de réglage. Vérifier l'élasticité des bandes élastiques et la solidité de leurs points d'attache. Vérifier l'état des crochets, des rubans et des passants de la partie inférieure du masque de fabrication courante.

b. *Examen du pare-pluie.*

Vérifier les coutures, le bon état du tissu.

c. *Examen des compresses de gaze.*

(Voir masque M 2, c.)

d. *Examen des coutures.*

Vérifier que toutes les coutures sont solides. Vérifier la solidité des points d'attache des supports métalliques, des crochets mobiles et de la lame de tôle qui est à l'intérieur du masque.

e. *Examen des parties métalliques.*

Vérifier que le support métallique n'est pas déformé, que les crochets mobiles jouent bien autour de leurs axes, que l'armature en fil d'acier située à l'intérieur du masque s'applique bien sur le corps de gaze et n'est ni cassée ni rouillée.

f. *Examen de la pochette.*

Vérifier l'état du tissu formant la pochette et celui de la bande de suspension. Vérifier la solidité des passants.

ARTICLE 38.

VISITE DÉTAILLÉE DES PULVÉRISATEURS VERMOREL.

La visite des pulvérisateurs Vermorel comprend les opérations suivantes :

a. *Examen général de l'appareil.*

Vérifier que la peinture du pulvérisateur n'est pas enlevée, que l'appareil n'est pas oxydé, qu'il n'est pas percé par la rouille, qu'il n'est pas bosselé, qu'il est verni intérieurement avec du vernis incolore au copal.

b. *Examen du couvercle.*

S'assurer que le couvercle entre aisément dans l'orifice de remplissage. Voir si le levier de l'excentrique du couvercle est solidement fixé à ce dernier et si l'axe est solidement fixé à la partie inférieure du couvercle. Vérifier l'état de la bague en caoutchouc.

c. Examen du bouchon du trou d'air et de vidange.

Vérifier si le bouchon se visse bien sur son raccord femelle, s'il est muni de sa chaînette ou de sa tige d'arrêt.

d. Examen de la grille de remplissage.

Vérifier que cette grille n'est pas rouillée, déformée ou percée.

e. Examen du levier de la pompe.

Vérifier que le levier se trouve sur l'arbre coudé et qu'il est bien retenu par l'écrou. Vérifier qu'il n'est pas déformé. Vérifier la présence de la goupille.

f. Examen de l'orbre coudé.

Vérifier que l'arbre coudé n'est pas déformé et qu'il tourne bien autour du chapeau de palier. Vérifier l'état du chapeau de palier; voir si ses vis sont en bon état.

g. Examen de la bielle en bronze.

Voir si la bielle n'est pas déformée et si elle porte bien sur le disque en caoutchouc. Vérifier l'état du chapeau de bielle et de ses vis de serrage.

h. Examen de la tubulure à oreille.

Vérifier qu'elle n'est pas oxydée et qu'elle se visse bien dans le raccord femelle de réservoir, que l'orifice n'est pas bouché. Vérifier le bon état du joint.

i. Examen du tuyau en caoutchouc.

Vérifier l'état du tube-poignée. Vérifier le bon fonctionnement du robinet, l'état du joint de la vis de serrage. Vérifier que la grille filtre de la lance n'est ni brisée ni oxydée. Vérifier que le tube de la lance n'est pas bouché et que son joint n'est pas détérioré. Vérifier l'embout Besnard, s'assurer qu'il n'est ni bouché, ni oxydé.

k. Vérifier le fonctionnement de l'appareil.

Remplir d'eau le pulvérisateur et actionner le levier de la pompe. Si l'eau ne s'échappe pas avec une pression suffisante, cela tient au mauvais fonctionnement des soupapes ou à des perforations, dues à la rouille, des parois de la cloche à air. Vérifier l'étanchéité du disque en caoutchouc, celle des joints de la tubulure à oreilles, du tube de lance, du tuyau en caoutchouc. Vérifier en même temps le bon état des soudures du réservoir.

Épuiser à fond le contenu de l'appareil (y compris la cloche à air) et laisser égoutter.

1. *Examen des bretelles.*

Vérifier le bon état des bretelles en cuir ou des bretelles-sangles. Voir si elles sont bien munies de leur bouton ou crochet. Vérifier la solidité des soudures des anneaux de bretelles.

CHAPITRE III.

ÉPREUVES SPÉCIALES.

ARTICLE 39.

GÉNÉRALITÉS.

Les appareils A. R. S. et les appareils Tissot, lors de leur visite ou après réparation (voir 1re partie, chap. v, art. 19, *b*) sont soumis à des épreuves spéciales de contrôle qui sont effectuées dans les parcs d'artillerie régionaux pourvus d'un atelier Z du deuxième degré. Ces épreuves, indiquées ci-après, sont faites dans un ordre quelconque.

ARTICLE 40.

ÉPREUVES SPÉCIALES POUR APPAREILS A. R. S.

Les appareils A. R. S. sont soumis aux épreuves spéciales suivantes :

a. Vérification de l'étanchéité de la soupape d'expiration ;

b. Vérification de l'étanchéité de la demi-embase (cuvette avant) montée ;

c. Vérification de l'étanchéité du corps de la cartouche ;

d. Mesure de la résistance de la cartouche à la respiration ;

e. Vérification de l'étanchéité de la cuvette arrière et du joint de l'écrou fileté (ne se fait que sur les embases séparées du masque).

a. Vérification de l'étanchéité de la soupape d'expiration (fig. 1).

Principe.

Établir, à l'aide d'un système de deux vases communicants, une dépression dans le tube porte-soupape, cette dépression étant indiquée par un manomètre qui communique avec le tube porte-soupape.

Lorsque la soupape est étanche, la dénivellation demeure constante.

L'étanchéité de la soupape est regardée comme satisfaisante lorsque le niveau du manomètre ne varie pas de plus d'un millimètre pendant une durée d'une minute.

Appareil.

L'appareil comprend :

1° *Deux flacons* A et A' d'une capacité de deux litres environ, communiquant par la partie inférieure ; le flacon A, dont le goulot supérieur est ouvert, est mobile, l'autre A', fixe, est relié à un tube en T ;

2° *Une planchette* verticale P sur laquelle sont fixés :

Un manomètre M dont une des branches est ouverte, l'autre reliée au tube en T. Ce manomètre contient de l'eau acidulée et porte deux électrodes, l'une située au-dessus du liquide, l'autre plongeant dans le liquide ;

Une lampe électrique L montée en série, avec le manomètre, sur un circuit électrique. Cette lampe s'allume lorsque le liquide établit le contact dans le manomètre ;

3° *Une planchette horizontale* P' portant un levier articulé D dont la partie mobile est munie d'une boule E en caoutchouc plein, la boule est traversée par un canal qui communique avec le tube en T au moyen d'un tube en caoutchouc traversant la planchette verticale ; un crochet permet d'immobiliser le levier ;

4° *Un sablier* S d'une minute, *un tube en verre* relié à un tube en caoutchouc et un *support F* à deux étages.

Mode opératoire.

1° Retirer le protège-soupape et la douille de l'entonnoir du dispositif anti-buée.

2° Replier le masque pour bien dégager la face extérieure de la cuvette arrière. *Humidifier la soupape en expirant* à dix reprises à l'aide du tube en verre dans le tube porte-soupape. Ne pas souffler par petits coups, mais, avant chacune des dix expirations, faire une large inspiration, puis bien renvoyer dans la soupape tout l'air sortant des poumons. (Cette manière d'opérer est provisoire : un appareil automatique pour humidifier les soupapes est à l'étude.) Placer l'appareil sur la planchette horizontale, la base de la cartouche reposant sur la planchette P'.

3° Placer le flacon A sur l'étage supérieur du support.

4° Attendre une dizaine de secondes (compter lentement jusqu'à 10) de façon que le liquide du flacon A se soit écoulé dans le flacon A', puis appuyer avec soin la boule E du levier D préalablement mouillée sur l'orifice du tube protège-soupape.

5° Accrocher le levier D. Retourner le sablier S et placer immédiatement et doucement le flacon A sur l'étage inférieur du support F. La lampe L s'allume, s'éteint, se rallume, etc., au bout de quelques secondes l'éclairage est continu.

La soupape est déclarée étanche lorsque la lampe est encore allumée au moment où le sable achève de passer dans le sablier.

Nota. — Vérifier pendant les opérations qui précèdent que les tubes en caoutchouc ne soient aplatis en aucun point.

Vérification du bon fonctionnement de l'appareil.

Employer l'embase contenant le raccord porte-soupape étanche (1) et opérer comme pour un appareil A. R. S. normal.

Réglage des manomètres à contacts électriques.

Remplir d'eau acidulée, à l'aide d'une pipette le tube manométrique jusqu'à ce que le niveau du liquide atteigne la ligne marquée 00.

Retirer la prise de courant (le passage du courant rend le réglage difficile).

Placer le flacon A (fig. 1) sur l'étage supérieur du support F, attendre une dizaine de secondes (compter lentement jusqu'à 10) de façon que le liquide du flacon A se soit écoulé dans le flacon A' : puis mettre en place l'élément type, exemple : cartouche A. R. S. pour la vérification *c* (page 71) ; bidon filtreur Tissot pour la vérification *a*, 2 (page 83). [Voir plus loin la vérification d'un élément type.]

Provoquer la dépression par abaissement du flacon A (fig. 1) sur l'étage inférieur du support F.

---

(1) Obturé par un disque de tôle soudé à la place de la soupape.

A ce moment le liquide monte dans la branche droite du manomètre et au bout de quelques instants (attendre que tout le liquide qui s'écoule le long de la paroi soit bien rassemblé) se stabilise à un certain niveau ; *le manomètre est réglé si l'extrémité du fil de platine plonge de 0 m. 001 dans le liquide.* Dans le cas contraire, à l'aide de la pipette introduite dans la branche gauche du manomètre, ajouter ou retirer de l'eau acidulée pour obtenir cette position.

Éléments type.

L'élément type est un élément d'appareil qui, après vérification, a été reconnu certainement étanche.

Étant donné que cet élément sert au réglage du manomètre à deux contacts, la vérification de son étanchéité ne peut être assurée à l'aide des indications fournies par l'éclairage de la lampe dudit manomètre.

On procédera en toutes façons comme il est prescrit dans les modes opératoires, le résultat de l'essai sera connu par observation directe du liquide dans la branche formée du manomètre.

On notera exactement la hauteur à laquelle s'élève le liquide dans la branche droite du manomètre, et si au bout d'une minute cette hauteur n'a pas varié, on déclarera l'élément d'appareil, élément type. C'est cet élément qui servira au réglage du manomètre de l'appareil de vérification correspondant à cet élément.

b. VÉRIFICATION DE L'ÉTANCHÉITÉ DE LA DEMI-EMBASE (CUVETTE AVANT) MONTÉE (fig. 2).

Principe.

Établir, à l'aide d'un système de deux vases communicants une dépression dans la cuvette avant de l'embase, dont le raccord femelle fileté porte-cartouche est obturé hermétiquement, l'écrou fileté de la cuvette avant étant relié à un manomètre, qui indique cette dépression.

Lorsque la demi-embase est étanche, la dénivellation demeure constante.

L'étanchéité est regardée comme satisfaisante lorsque le niveau dans le manomètre ne varie pas de plus d'un millimètre pendant une durée d'une minute.

Appareil.

L'appareil comprend :

1° *Deux flacons* A et A' d'une capacité de deux litres environ communiquant par la partie inférieure. Le flacon A,

dont le goulot supérieur est ouvert, est mobile ; l'autre A', fixe, est relié à un tube en T ;

2° *Une planchette verticale* P traversée à la partie inférieure par un tube de caoutchouc relié, d'une part au tube en T, d'autre part, à un *tube en verre, portant un bouchon* en caoutchouc B qui se place dans l'orifice de l'écrou fileté de l'embase ; à la partie supérieure se trouvent :

Un manomètre M dont une des branches est ouverte, l'autre reliée au tube en T. Ce manomètre contient de l'eau acidulée et porte deux électrodes, l'une située au-dessus du liquide, l'autre plongeant dans le liquide ;

Une lampe électrique L montée en série avec le manomètre sur un circuit électrique. Cette lampe s'allume lorsque le liquide établit le contact dans le manomètre ;

3° *Une planchette horizontale P'* portant un raccord mâle fileté destiné à recevoir l'embase ;

4° *Un sablier S* d'une minute, et un *support F* à deux étages.

Mode opératoire.

1° Séparer la cartouche de l'embase.

2° Placer le flacon A sur l'étage supérieur du support.

3° Visser à fond l'embase sur le raccord mâle fileté.

4° Retirer la douille de l'entonnoir du dispositif antibuée.

5° Replier le masque pour bien dégager la face extérieure de la cuvette arrière.

6° Enfoncer soigneusement le bouchon B dans l'orifice de l'écrou fileté.

7° Retourner le sablier S et placer immédiatement et doucement le flacon A sur l'étage inférieur du support F. La lampe s'allume, s'éteint, se rallume, etc. Au bout de quelques secondes, l'éclairage est continu.

La demi-embase est déclarée étanche lorsque la lampe est encore allumée au moment où le sable achève de passer dans le sablier.

On a vérifié ainsi l'étanchéité de la demi-embase, de ses éléments, des soudures et aussi du joint de l'écrou fileté sur le bord libre du tube fileté en laiton.

Si l'essai n'est pas satisfaisant, il y a lieu de vérifier l'étanchéité de la seule demi-embase.

Étanchéité de la demi-embase.

Le dispositif est le même que précédemment. L'embase étant démontée, on place, sur le raccord mâle fileté, la demi-embase débarrassée de l'écrou fileté et du joint.

L'orifice du tube fileté d'entrée d'air est fermé avec le bouchon B et l'essai est fait dans les mêmes conditions que plus haut.

Si cet essai est satisfaisant, il y a lieu d'incriminer l'étanchéité du joint de l'écrou sur le bord libre du tube de communication.

Réglage du manomètre.

Voir page 66.

Vérification du bon fonctionnement de l'appareil.

Obturer avec le doigt préalablement humecté l'extrémité du tube en verre et opérer comme ci-dessus.

C. Vérification de l'étanchéité du corps de la cartouche (fig. 3).

Principe.

Établir, à l'aide d'un système de deux vases communicants une dépression dans la cartouche, l'orifice du raccord mâle étant obturé hermétiquement et l'ouverture du côté de la grille étant reliée par une calotte en caoutchouc à un manomètre qui indique cette dépression.

Lorsque le corps de la cartouche est étanche, la dénivellation demeure constante.

L'étanchéité du corps de la cartouche est regardée comme satisfaisante lorsque le niveau du manomètre ne varie pas de plus d'un millimètre pendant une durée d'une minute.

Appareil.

L'appareil comprend :

1° *Deux flacons* A et A' d'une capacité de deux litres environ communiquant par la partie inférieure ; le flacon A, dont le goulot supérieur est ouvert, est mobile, l'autre A', fixe, est relié à un tube en T.

2° *Une planchette* P verticale traversée à la partie inférieure par un tube de caoutchouc reliant la *calotte E* à une des branches du tube en T; la planchette porte à la partie supérieure :

Un manomètre M dont une des branches est ouverte, l'autre reliée au tube en T. Ce manomètre contient de l'eau acidulée et porte deux électrodes, l'une située au-dessus du liquide, l'autre plongeant dans le liquide;

Une lampe électrique L montée en série avec le manomètre sur un circuit électrique. Cette lampe s'allume lorsque le liquide établit le contact dans le manomètre.

3° *Une planchette horizontale* P' portant un raccord femelle fileté D muni d'une rondelle de caoutchouc destiné à recevoir le raccord mâle de la cartouche.

4° *Un sablier* S d'une minute et un *support* F à deux étages.

Mode opératoire.

1° Séparer la cartouche du masque.

2° Placer le flacon mobile A sur l'étage supérieur du support F.

3° Visser à fond la cartouche sur le raccord femelle fileté D.

4° Bien recouvrir la grille de la cartouche avec la calotte E que l'on enfonce à fond en évitant les bourrelets.

5° Retourner le sablier S et replacer immédiatement et doucement le flacon sur l'étage inférieur du support F. La lampe s'allume, s'éteint, se rallume, etc. Au bout de quelques secondes l'éclairage est continu.

Le corps de la cartouche est déclaré étanche lorsque la lampe est encore allumée au moment où le sable achève de passer dans le sablier.

Nota. — Vérifier durant les opérations qui précèdent, que les tubes en caoutchouc ne soient aplatis en aucun point.

Réglage du manomètre.

(Voir page 66.)

Vérification du bon fonctionnement de l'appareil.

Employer la cartouche étanche type et opérer comme avec une cartouche ordinaire.

Fig. : III

d. Mesure de la résistance de la cartouche à la respiration (fig. 4).

Principe.

Produire une aspiration continue d'air (vitesse = 900 litres ± 25 litres à l'heure) à travers la cartouche. Un manomètre à branche inclinée, intercalé dans le circuit indique, par simple lecture, si la dépression est comprise entre les limites extrêmes de 4 et 10 millimètres d'eau.

Appareil.

L'appareil comprend :

1° Une pipe en fonte P portant :

a. A la partie supérieure, une collerette X munie d'une rondelle en caoutchouc, destinée à recevoir la cartouche ;

b. Un peu au-dessous de cette collerette, une tubulure V communiquant avec le dispositif de mesure de dépression ;

c. A l'extrémité, un tube en Y raccordé par la partie Z au compteur, par la partie W à un dispositif de repérage de débit.

2° *Un dispositif de mesure de la dépression* placé à la partie inférieure d'une planche verticale, et comprenant un tube en verre raccordé :

a. D'une part à un manomètre à branche inclinée ; une branche R de ce manomètre est formée par un réservoir à liquide, l'autre branche M est inclinée et porte les points de repère 0 (situé vers l'extrémité libre de la branche), 4 millimètres et 10 millimètres ;

b. D'autre part à un tube V monté sur la pipe.

3° *Un dispositif de repérage de débit* placé à la partie supérieure de la planche verticale portant le dispositif de mesure de la dépression : il est constitué par un manomètre à branche inclinée. Une branche R' de ce manomètre est formée par un réservoir à liquide, l'autre branche M' est inclinée et porte les points de repère 0 (situé vers l'extrémité libre de la branche) et 900. Ce manomètre est relié à l'une des branches du tube en Y porté par la pipe.

4° *Une pompe et un compteur.* — La pompe fonctionne à l'aide d'un moteur électrique muni d'un rhéostat de démarrage et, s'il y a lieu, d'une résistance fixe.

Le compteur est placé entre la pompe et l'appareil de mesure, il sert à régler et à contrôler le bon fonctionnement du dispositif de repérage de débit.

L'usage du compteur étant inutile lorsque le manomètre de débit est réglé, un dispositif constitué par un tube en Y muni de deux robinets α et β permet de le mettre hors circuit.

Un robinet γ intercalé dans le circuit permet de régler le débit d'air.

Réglage du compteur.

Mettre le compteur de niveau au moyen des vis calantes et d'après les indications d'un niveau à bulle d'air (niveau modèle 1888), que l'on place sur le cercle de cuivre C situé sur le dessus du compteur.

L'entrée de l'air est en A, la sortie en B.

Remplir le compteur d'eau par l'entonnoir D jusqu'à écoulement par le bouchon E que l'on aura préalablement dévissé.

Laisser écouler le trop-plein d'eau, remettre en place les bouchons E et D et l'appareil est prêt à mettre en service.

Tous les huit jours dévisser le bouchon H de façon à laisser s'écouler l'eau qui aurait pu être entraînée et vérifier le réglage du compteur en opérant comme il a été dit ci-dessus.

Réglage du manomètre incliné de débit.

Remplir d'eau colorée le manomètre de façon que le liquide atteigne, dans la branche inclinée, un point situé à environ 4 à 5 centimètres de l'extrémité de cette branche. Ce point sera marqué 0. (Attendre quelques minutes avant de faire cette inscription, de façon que le liquide se soit bien stabilisé.)

Mettre en marche la pompe et régler, à l'aide du robinet γ et du compteur, le débit d'air de façon qu'il égale 900 litres à l'heure.

A ce moment le liquide dans le manomètre s'est déplacé vers la droite (fig. 4) et se trouve immobilisé en un point qui sera marqué 900.

Une tolérance de ± 25 litres étant admise, on réglera ensuite le débit à 875 litres, puis à 925 litres : à ces deux débits différents correspondront deux points différents atteints par le liquide dans la branche incliuée du manomètre. Ces points seront situés, le premier à gauche, le second à droite et à des distances sensiblement égales du point marqué 900. On reliera ces trois points par un trait rouge.

Le manomètre de débit est réglé. Au cours des opérations de vérification de cartouches qui suivront, il suffira de veiller à ce que l'extrémité du liquide du manomètre de-

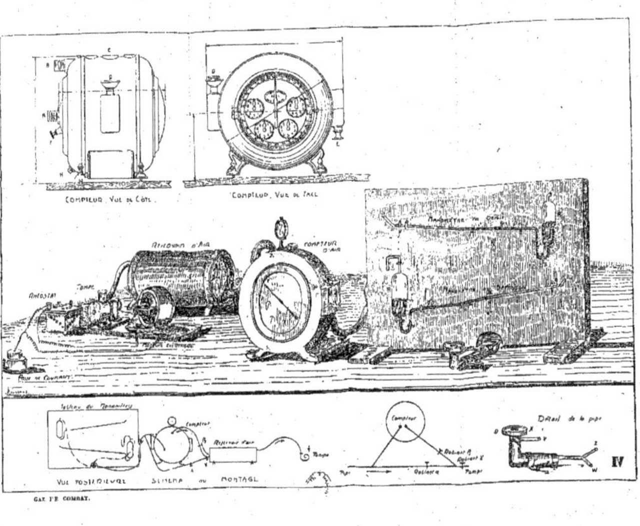

GAZ DE COMBAT.

meure entre les deux extrémités (de préférence au milieu) du trait rouge.

Réglage du manomètre incliné mesureur de dépression.

Remplir d'eau colorée le manomètre de façon que le liquide atteigne dans la branche inclinée un point situé à 4 ou 5 centimètres de l'extrémité de cette branche.

Mettre en marche la pompe et régler de manière à obtenir une aspiration de 900 litres à l'heure.

Attendre quelques minutes, et marquer 0 le point où se trouve le liquide dans la branche inclinée.

Placer la cartouche-type de dépression 4 sur la pipe, le liquide se retire vers la gauche (fig. 4) et se stabilise en un certain point que l'on marquera 4.

Remplacer cette cartouche par la cartouche-type de dépression 10, de nouveau le liquide se retirera vers la gauche et se stabilisera en un point situé à gauche du point 4, on marquera ce point 10.

Pour obtenir les points 1, 2, 3, diviser la longueur comprise entre 0 et 4 en quatre parties égales ; les points 5, 6, 7, 8 et 9 seront obtenus de la même façon en divisant la longueur comprise entre 4 et 10 en 6 parties égales.

Mode opératoine.

1° Vérifier que dans le manomètre indicateur de débit, le liquide atteint bien le point marqué 0.

2° Ouvrir le robinet α et fermer le robinet β de façon que l'air aspiré ne traverse pas le compteur.

3° Ouvrir à fond le robinet γ de façon que l'air puisse entrer librement par la prise libre.

4° Mettre le moteur en marche en déplaçant très lentement la manette sur le rhéostat (on atteindra le dernier plot, qui doit seul être utilisé).

5° A l'aide du robinet γ et du manomètre indicateur de débit régler l'aspiration d'air.

6° Ouvrir le robinet β et fermer le robinet α, à ce moment l'air traverse le compteur.

7° Vérifier que le débit d'air indiqué par le compteur est bien compris entre 875 et 925 litres à l'heure (dans le cas contraire le manomètre de débit aurait été mal réglé).

8° Ouvrir le robinet α et fermer le robinet β. (L'air ne traverse plus le compteur, mais le manomètre de débit indiquera toujours que le débit est de 900 ± 25 litres à l'heure.)

9° Vérifier que le liquide, dans le manomètre mesureur de dépression, atteint bien le poids marqué 0.

10° Placer la cartouche sur la collerette de la pipe en appuyant le raccord mâle fileté sur la rondelle en caoutchouc.

11° Lire la dépression qu'indique le manomètre mesureur de dépression.

La résistance de la cartouche à la respiration est déclarée satisfaisante si la dépression lue est comprise entre 4 et 10.

Observations. — Quand le moteur est en marche ne jamais obturer complètement l'orifice de la pipe.

Veiller à ce que le moteur et la pompe soient régulièrement lubrifiés.

Vérifier durant les opérations qui précèdent, que les tubes en caoutchouc ne soient aplatis en aucun point.

c. Vérification de l'étanchéité de la cuvette arrière de l'embase et du joint en caoutchouc de l'écrou fileté (fig. 5).

(Ne se fait que sur les embases séparées du masque.)

Il est nécessaire avant d'effectuer cet essai : soit de s'assurer que la soupape d'expiration est bien étanche, soit d'obturer à l'aide d'un bouchon en caoutchouc l'orifice du tube porte-soupape.

Principe.

Le raccord femelle de l'embase étant obturé hermétiquement, recouvrir la demi-embase postérieure d'une calotte en caoutchouc, reliée à un manomètre et établir à l'aide d'un système de deux vases communicants une dépression dans cette calotte.

Lorsque le système est étanche, la dénivellation demeure constante.

On admet que l'étanchéité de la face postérieure de l'embase et celle du joint en caoutchouc de l'écrou fileté sont satisfaisantes lorsque le niveau du manomètre ne varie pas de plus d'un millimètre pendant une durée d'une minute.

Appareil.

L'appareil comprend :

1° *Deux flacons* A et A' d'une capacité de deux litres environ, communiquant par la partie inférieure. Le flacon A, dont le goulot supérieur est ouvert, est mobile; l'autre A', fixe, est relié à un tube en T;

2° *Une planchette verticale* P, traversée à la partie inférieure par un tube en caoutchouc reliant une *calotte de caoutchouc* E à une des branches du tube en T, cette planchette porte à la partie supérieure :

Un manomètre M dont une des branches est ouverte, l'autre reliée au tube en T. Ce manomètre contient de l'eau acidulée et porte deux électrodes, l'une située au-dessus du liquide, l'autre plongeant dans le liquide;

Une lampe électrique L montée en série avec le manomètre sur un circuit électrique. Cette lampe s'allume, lorsque le liquide établit le contact dans le manomètre;

3° *Une planchette horizontale* P' portant un raccord mâle fileté D destiné à recevoir l'embase;

4° *Un sablier* S d'une minute et un *support* F à deux étages.

Mode opératoire.

1° S'assurer de l'étanchéité de l'orifice du tube porte-soupape.

2° Placer le flacon A sur l'étage supérieur du support F.

3° Visser à fond l'embase sur le raccord mâle fileté D.

4° Bien recouvrir toute la face postérieure de l'embase avec la calotte en évitant les bourrelets.

5° Retourner le sablier, et placer immédiatement et doucement le flacon A sur l'étage inférieur du support F. La lampe s'allume, s'éteint, se rallume, etc. Au bout de quelques secondes l'éclairage est continu.

La face postérieure de l'embase et le joint en caoutchouc de l'écrou fileté sont déclarés étanches lorsque la lampe est encore allumée au moment où le sable achève de passer dans le sablier.

Si l'épreuve n'est pas satisfaisante, c'est que le serrage de l'écrou fileté est insuffisant ou bien que le joint en caoutchouc est en mauvais état, ou bien que le tube porte-soupape est dessoudé.

Nota. — Vérifier durant les opérations qui précèdent, que les tubes en caoutchouc ne soient aplatis en aucun point.

Réglage du manomètre.

(Voir page 66.)

Vérification du bon fonctionnement de l'appareil.

Employer l'embase étanche type et opérer comme ci-dessus.

Fig : V

ARTICLE 41.

ÉPREUVES SPÉCIALES POUR APPAREILS TISSOT.

Les appareils Tissot sont soumis aux épreuves spéciales suivantes :

a. Vérification de l'étanchéité totale (moins le masque). Dans le cas où cet essai n'est pas satisfaisant on essaie séparément :

1. Le tuyau souple;
2. Le bidon filtreur;

b. Vérification de l'étanchéité du protège-soupape;

c. Mesure de la résistance de la boîte filtrante à la respiration.

Nota. — Vérifier durant toutes les opérations qui suivent que les tubes en caoutchouc des appareils de vérification ne soient aplatis en aucun point.

a. Vérification de l'étanchéité totale [moins le masque] (fig. 6).

Principe.

Établir, à l'aide d'un système de deux vases communicants, une dépression dans le tuyau souple et le bidon filtreur dont l'orifice d'entrée d'air est obturé hermétiquement; ce système est relié à un manomètre.

Lorsque le tuyau souple, le bidon filtreur et leur raccord sont étanches, la dénivellation marquée par le manomètre est constante.

L'étanchéité du tuyau souple, du bidon filtreur et de leur raccord est regardée comme satisfaisante lorsque le niveau du manomètre ne varie pas de plus d'un millimètre pendant une durée d'une minute.

Appareil.

L'appareil comprend :

1° *Deux flacons* A et A' d'une capacité de deux litres environ communiquant par la partie inférieure, le flacon A, dont le goulot supérieur est ouvert, est mobile, l'autre A', fixe, est relié à un tube en T;

2° *Une planchette verticale* P portant :

Un manomètre M dont une des branches est ouverte, l'autre reliée au tube en T. Ce manomètre contient de l'eau

acidulée et porte deux électrodes, l'une située au-dessus du liquide, l'autre plongeant dans le liquide ;

Une lampe électrique L montée en série avec le manomètre sur un circuit électrique. Cette lampe s'allume lorsque le liquide établit le contact dans le manomètre ;

3° *Une planchette horizontale* P′ portant :

Un raccord mâle fileté D ;

Un tube métallique T′ traversant la planchette et relié à une des branches du tube T. A son extrémité supérieure est adapté un tube en caoutchouc C lequel est relié à l'un des tubes en verre H ou H′ ;

4° *Deux tubes en verre* H et H′ munis chacun d'un bouchon en caoutchouc ;

5° *Un sablier* S d'une minute et un *support* F à deux étages.

Mode opératoire.

1° Placer le flacon A sur l'étage supérieur du support F.

2° Boucher l'orifice d'entrée d'air du bidon filtreur.

3° Vérifier le serrage du raccord bidon filtreur-tuyau.

4° Relier au tube de caoutchouc de la planchette le tube en verre muni du bouchon correspondant à l'orifice libre du tuyau souple de l'appareil Tissot.

5° Enfoncer le bouchon dans l'orifice libre du tuyau souple de l'appareil Tissot.

6° Retourner le sablier S et replacer immédiatement et doucement le flacon A sur l'étage inférieur du support F. La lampe L s'allume, s'éteint, se rallume, etc. Au bout de quelques secondes l'éclairage est continu.

Le tuyau souple, le bidon filtreur et leur raccord sont déclarés étanches lorsque la lampe est encore allumée au moment où le sable achève de passer dans le sablier.

Si l'essai n'est pas satisfaisant, il y a lieu de séparer le tuyau du bidon filtreur et de vérifier séparément l'étanchéité du tuyau souple et l'étanchéité du bidon filtreur.

1. Vérification de l'étanchéité du tuyau souple.

Mode opératoire.

1° Placer le flacon A sur l'étage supérieur du support F.

2° Visser à fond le raccord femelle fileté du tuyau sur le raccord mâle fileté de la planchette (en ayant soin de bien disposer la rondelle en caoutchouc).

Puis opérer comme aux numéros 4, 5 et 6 de l'essai précédent.

Le tuyau souple est déclaré étanche lorsque la lampe est encore allumée quand le sable achève de passer dans le sablier.

2. Vérification de l'étanchéité du bidon filtreur.

Mode opératoire.

1° Placer le flacon A sur l'étage supérieur du support F.

2° Boucher l'orifice d'entrée d'air du bidon filtreur.

3° Relier au tube en caoutchouc de la planchette le tube en verre muni du bouchon correspondant à l'orifice de sortie d'air du bidon filtreur.

4° Enfoncer ce bouchon dans l'orifice de sortie d'air du bidon filtreur.

5° Retourner le sablier S et placer doucement le flacon A sur l'étage inférieur du support F. La lampe L s'allume, s'éteint, se rallume, etc. Au bout de quelques secondes l'éclairage est continu.

Le bidon filtreur est déclaré étanche lorsque la lampe est encore allumée quand le sable achève de passer dans le sablier.

Si ces deux derniers essais sont satisfaisants, il y a lieu d'incriminer la mauvaise étanchéité de la rondelle en caoutchouc du raccord.

Réglage du manomètre.

(Voir page 66.)

Vérification du bon fonctionnement de l'appareil.

Relier successivement au tube en caoutchouc de la planchette les tubes de verre, obturer chaque fois l'extrémité de ces tubes avec le doigt et opérer comme ci-dessus.

3. Vérification de l'étanchéité du protège-soupape. (Fig. 7.)

Principe.

Établir, à l'aide d'un système de deux vases communicants, une dépression à l'intérieur du protège-soupape mis en communication avec le manomètre, qui indique cette dépression.

Lorsque le protège-soupape est étanche la dénivellation demeure constante.

L'étanchéité du protège-soupape est regardée comme satisfaisante lorsque le niveau du manomètre ne varie pas de plus d'un millimètre pendant une durée d'une minute.

Appareil.

L'appareil comprend :

1° *Deux flacons* A et A′ d'une capacité de 2 litres environ communiquant par la partie inférieure; le flacon A, dont le goulot supérieur est ouvert, est mobile; l'autre A′, fixe, est relié à un tube en T.

2° *Une planchette verticale* P portant :

un manomètre M dont une des branches est ouverte, l'autre reliée au tube en T. Ce manomètre contient de l'eau acidulée et porte deux électrodes, l'une située au-dessus du liquide, l'autre plongeant dans le liquide;

une lampe électrique L montée en série avec le manomètre sur un circuit électrique. Cette lampe s'allume lorsque le liquide établit le contact dans le manomètre.

3° *Une planchette horizontale* P′ portant un manchon métallique D, relié au moyen d'un tube métallique T′ à une des branches du tube en T.

4° *Un sablier* S *d'une minute*, un *tube en verre* relié à un tube en caoutchouc et un *support* F à deux étages.

Mode opératoire.

1° Placer le flacon A sur l'étage supérieur du support F;

2° Humidifier le protège-soupape en soufflant à l'intérieur à quatre ou cinq reprises à l'aide du tube en verre;

3° Adapter soigneusement le protège-soupape sur le manchon métallique D;

4° Retourner le sablier S et placer immédiatement et doucement le flacon sur l'étage inférieur du support F. La lampe S s'allume, s'éteint, se rallume, etc. Au bout de quelques secondes, l'éclairage est continu.

Le protège-soupape est déclaré étanche lorsque la lampe est encore allumée au moment où le sable achève de passer dans le sablier.

Réglage du manomètre.

(Voir page 66.)

Fig : VII

Vérification du bon fonctionnement de l'appareil.

Employer le protège-soupape étanche type et opérer comme pour un protège-soupape ordinaire.

c. Mesure de la résistance du bidon filtreur à la respiration.

On emploie l'appareil qui sert à mesurer la résistance de la cartouche de l'A. R. S.

Le mode opératoire est identique.

La résistance du bidon filtreur est déclarée satisfaisante si la dépression indiquée par le manomètre est inférieure à 4 millimètres.

ARTICLE 42.

CONTRÔLE DES ÉPREUVES SPÉCIALES.

Les parcs chargés des réparations du deuxième degré envoient à l'Entrepôt de réserve générale de matériel d'Aubervilliers (1) :

1° Tous les appareils donnant lieu à des constatations d'un caractère nouveau (ou seulement un prélèvement sur ces appareils s'il y en a un certain nombre donnant lieu aux mêmes constatations) ;

2° 2 p. 100 des appareils qui ont été soumis aux épreuves spéciales, chaque envoi comprenant au moins dix appareils.

Les appareils visés à 2° sont destinés à vérifier les épreuves spéciales effectuées. Ils sont choisis parmi ceux qui ont donné des résultats différents aux épreuves et, de préférence, parmi ceux qui sont à la limite des tolérances admises.

Les officiers Z de corps d'armée recherchent, le cas échéant, la cause des erreurs constatées dans les résultats trouvés par les parcs.

---

(1) En se conformant aux dispositions de détail prévues à l'article 21 (1re partie, p. 36).

CHAPITRE IV.

EXÉCUTION DES RÉPARATIONS.

A. RÉPARATIONS DU 1er DEGRÉ.

Les ateliers Z des corps de troupe ne procèdent qu'aux réparations indiquées ci-après :

ARTICLE 43.

APPAREILS A. R. S.

Désinfecter le masque.
Remplacer les élastiques du système d'attache,
Remplacer l'élastique du serre-nuque,
Remplacer l'agrafe du serre-nuque.
Remplacer la boucle du serre-nuque,
Remplacer l'anneau semi-circulaire du serre-nuque,
Remplacer le ruban de suspension.
Consolider les coutures des élastiques.
Enlever les souillures du masque,
Remplacer les viseurs.
Remplacer les fixe-vitres.
Remplacer le protège-soupape.
Remplacer la rondelle en caoutchouc du raccord femelle porte-cartouche.
Remplacer la rondelle en caoutchouc de l'écrou fileté en laiton.
Remplacer la cartouche.
Renouveler la peinture de l'embase et de la cartouche en conservant les marques.
Redresser la boîte métallique.
Remplacer un passant de la boîte métallique.
Remplacer le poussoir du couvercle de la boîte métallique.
Repeindre la boîte métallique.
Remplacer la sangle de la boîte métallique,
Remplacer la patte d'attache de la boîte métallique,
Remplacer le disque en carton portant le viseur de rechange.
Refaire les coutures du pare-pluie de la bonnette.

Remplacer le ruban de serrage de la bonnette.
Remplacer un œillet de la bonnette.
Réparer la pochette d'une cartouche de rechange.
Remplacer la pochette d'une cartouche de rechange.
Remplacer un grand couvercle en carton de la cartouche de rechange.
Remplacer un petit couvercle en carton de la cartouche de rechange.

ARTICLE 44.

MASQUE M2.

Désinfecter le masque.
Remplacer les élastiques ou le ruban du système d'attache.
Remplacer l'élastique serre-nuque.
Remplacer l'agrafe de serre-nuque.
Remplacer l'anneau semi-circulaire du serre-nuque.
Remplacer le ruban de position d'attente.
Remplacer le ruban de suspension.
Consolider les coutures du système d'attache.
Remplacer les viseurs.
Remplacer les fixe-vitres.
Refaire les coutures de la pochette en tissu imperméable.
Remplacer le ruban de la pochette.
Redresser l'étui métallique.
Remplacer un passant de l'étui métallique.
Repeindre l'étui métallique.
Remplacer le cordeau de l'étui métallique.
Remplacer la pochette.
Remplacer un bouton.

ARTICLE 45.

APPAREILS TISSOT.

Désinfecter le masque.
Remplacer les vitres.
Remplacer les fixe-vitres.
Rendre son élasticité au masque en caoutchouc.
Boucher une petite perforation du masque en caoutchouc.
Remplacer l'écarteur.
Masque en tissu caoutchouté : changer les élastiques du système d'attache.
Masque en tissu caoutchouté : remplacer l'élastique serre-nuque.
Remplacer le protège-soupape.
Remplacer un bouchon d'obturation d'œillère.

Remplacer un bouchon d'obturation de tuyau.
Remplacer les ficelles d'attache des bouchons.
Remplacer un bouchon de bidon filtreur.
Enlever la rouille et le vert-de-gris de la tubulure multiple et du raccord-canette.
Remplacer la rondelle de caoutchouc du raccord coudé ou du raccord-canette.
Dérouiller les ligatures du tuyau souple ou des tuyaux d'œillère.
Échanger le tuyau souple monté.
Échanger le masque monté.
Remplacer les cordelettes du bidon filtreur.
Remplacer les sangles de la cartouche additionnelle.
Dérouiller le bidon filtreur.
Repeindre le bidon filtreur et la tubulure du masque.
Réparer la caisse.

ARTICLE 46.

APPAREIL DRAEGER.

Désinfecter l'embouchure.
Remplacer le bouchon de l'embouchure.
Remplacer les capuchons en caoutchouc des pince-narines.
Remplacer la sangle de suspension.
Remplacer la ceinture.
Refaire les coutures de l'enveloppe.
Refaire la poche de la clef.
Remplacer l'enveloppe.
Remplacer l'écrou à oreilles du boulon de la double pince.
Remplacer une branche de la double pince.
Remplacer les mousquetons de la sangle de suspension et de la ceinture.
Remplacer un bouton à pression de l'enveloppe.
Remplacer la cartouche.
Remplacer la bouteille à oxygène.
Dérouiller la bouteille à oxygène et la repeindre.
Lunettes : remplacer les viseurs.
Lunettes : remplacer le fil métallique.
Lunettes : remplacer les brides d'attache.
Échanger le tube flexible.

ARTICLE 47.

APPAREILS PENZY P. M.

Désinfecter l'embouchure.
Remplacer le bouchon de l'embouchure.

Remplacer les capuchons en caoutchouc des pince-narines.
Remplacer un perforateur.
Remplacer le joint en caoutchouc du logement du col d'une capsule Sparklet.
Remplacer la cartouche d'oxylithe.
Remplacer les courroies de suspension.
Remplacer une boucle de sangle.
Redresser la boîte métallique.
Ressouder un passant de la boîte métallique.
Repeindre la boîte métallique.
Remplacer le cordeau de la boîte métallique.
(Pour les lunettes, voir appareil Draeger.)
Échanger le tube souple.

ARTICLE 48.

APPAREIL FENZY G. M.

Désinfecter l'embouchure.
Remplacer le bouchon de l'embouchure.
Remplacer un chapeau d'obturation.
Remplacer une chaînette de chapeau.
Remplacer le chapeau du trou de vidange.
Remplacer la chaînette de chapeau du trou de vidange.
Remplacer les pattes de fixation du tube en laiton.
Remplacer une cartouche d'oxylithe.
Remplacer la bouteille à oxygène.
Dérouiller la bouteille à oxygène et la repeindre.
Remplacer la ceinture.
Remplacer une bretelle.
Remplacer la boucle de la ceinture.
Remplacer une boucle de la bretelle.
Redresser la caisse.
(Pour les lunettes, voir appareil Draeger.)
Échanger les tubes souples.

ARTICLE 49.

EFFETS SPÉCIAUX DE PROTECTION.

Refaire une couture et l'enduire.
Remplacer une patte.
Remplacer une tresse.
Remplacer une corde.
Remplacer une lanière.
Remplacer une semelle.
Reclouer une semelle.
Réparer une botte en caoutchouc.

ARTICLE 50.

MASQUES DECAUX POUR CHEVAUX.

Refaire les coutures du masque.
Refaire les coutures du ruban d'attache.
Remplacer le ruban d'attache.
Remplacer une boucle du ruban d'attache.
Remplacer le crochet plat du ruban d'attache.
Remplacer une bande élastique.
Remplacer un crochet de bande élastique.
Remplacer un anneau de bande élastique.
Remplacer un crochet mobile de fixation de mors.
Remplacer le cordon d'obturation de l'ouverture.
Fixer une carcasse métallique.
Dérouiller les parties métalliques.
Refaire les coutures de la pochette formant étui du masque.

ARTICLE 51.

PULVÉRISATEUR VERMOREL.

Nettoyer le pulvérisateur.
Enduire l'intérieur de vernis au copal.
Repeindre l'appareil.
Remplacer le bouchon de vidange.
Remplacer le couvercle (bouchon).
Remplacer la grille de remplissage.
Remplacer l'arbre coudé.
Remplacer l'écrou d'arbre coudé.
Remplacer le levier.
Remplacer la lance complète.
Remplacer la grille de lance.
Remplacer une rondelle-joint.
Remplacer le tube-poignée avec robinet soudé.
Remplacer le tube de lance avec ses deux raccords.
Remplacer l'embout Besnard.
Remplacer le couvercle d'embout.
Remplacer la tubulure à oreilles.
Remplacer le tuyau de caoutchouc.
Remplacer une bretelle de cuir.
Remplacer une bretelle sangle.
Remplacer un bouton et un crochet de bretelle.

DÉTAILS D'EXÉCUTION DES RÉPARATIONS.

ARTICLE 52.

RÉPARATIONS DES APPAREILS A. R. S.

a. *Désinfecter le masque.*

Pour éviter le danger de contagion, un masque ayant été porté ne doit être remis en distribution qu'après avoir été nettoyé et désinfecté.

Cette opération est effectuée sous la surveillance du médecin du corps, dans les conditions prévues par le paragraphe II de la notice n° 7 annexée au règlement sur le service de santé à l'intérieur (*B. O. E. M.*, vol. 80).

A cet effet :

Enlever la cartouche, brosser le masque afin d'enlever les fragments de terre ou les souillures qui y adhèrent.

Frotter avec le linge ou un tampon de coton imbibé de formol dilué au centième les bords flottants intérieurs qui appliquent sur les joues.

Frotter avec un linge ou un tampon de coton imbibé de tétrachlorure de carbone les attaches, le rebord frontal et le rebord des parties correspondant à l'insertion du menton.

Exposer ensuite pendant 24 heures les masques ainsi nettoyés largement ouverts, dans une pièce hermétiquement close où l'on aura dégagé de l'aldéhyde formique (ou formol) gazeux au moyen de cartouches Fumigator.

Une atmosphère chaude et humide favorise l'action antiseptique du formol.

Le Fumigator est constitué par une cartouche en ferblanc contenant du trioxyméthylène qui, sous l'action de la chaleur, se transforme en formol.

Cette cartouche est entourée d'une pâte qui, allumée à sa partie supérieure, brûle lentement sans flamme et porte bientôt le trioxyméthylène cristallisé à une température où il se volatilise rapidement, sans brûler, en donnant naissance à d'abondantes vapeurs d'aldéhyde formique.

Disposer les cartouches entre les griffes du trépied métallique qui les supporte. Ces griffes étant susceptibles d'être utilisées un grand nombre de fois doivent être conservées.

Faire reposer le trépied sur une plaque de métal.

Disperser les cartouches le plus possible dans le local.

Allumer en maintenant le bord supérieur de la pâte au-dessus de la flamme d'une lampe à essence, jusqu'à parfaite inflammation ; pour reconnaître qu'il en est ainsi, souffler sur la pâte, une partie de cette dernière doit être incandescente. Éviter d'enflammer la pâte avec une bougie, la flamme charbonneuse se dépose en couche noire, graisseuse sur la pâte et l'empêche de s'allumer convenablement. Il est interdit d'arroser le fumigator de pétrole ou d'alcool afin d'obtenir un allumage rapide ; dans ce cas, en effet, la pâte serait allumée de tous les côtés à la fois, et il s'ensuivrait une combustion trop rapide pour assurer le dégagement intégral du trioxyméthylène contenu dans la cartouche.

A défaut de fumigator, l'atmosphère d'aldéhyde formique est obtenue par la combustion du trioxyméthylène en poudre placé dans une coupelle ou un récipient métallique sans soudure, sur un trépied, au-dessus de la flamme d'une lampe à alcool.

Après avoir allumé rapidement, assurer l'étanchéité de la porte de sortie en bouchant toutes les issues avec du papier.

La concentration en aldéhyde formique doit être de 20 grammes environ par mètre cube (1 cartouche Fumigator n° 4 contient environ 70 grammes de trioxyméthylène susceptible de se transformer quantitativement en aldéhyde formique gazeux).

Retirer les masques après 24 heures et les disposer à l'air libre, à l'abri de la pluie, pendant trois heures au moins.

b. *Remplacer les élastiques du système d'attache.*

Les élastiques du système d'attache sont fixés au masque par des points solides de couture.

Élastique destiné à être placé sur le haut de la tête. — Coudre extérieurement les extrémités libres sur une longueur de 2 centimètres, de telle façon que le bord postérieur soit dans le prolongement du bord postérieur de la garniture mentonnière.

Élastique destiné à être placé derrière la tête. — Coudre extérieurement les extrémités libres sur une longueur de 2 centimètres, de telle façon que le bord supérieur soit dans le prolongement du bord supérieur de la garniture frontale.

Élastiques reliant les deux précédents destiné à être placé sur le dessus et le milieu de la tête. — Coudre extérieurement 1 centimètre de l'extérieur libre au milieu de la garniture frontale du masque.

Dans tous les cas, enduire avec soin les coutures d'une couche d'enduction n° 2 (1), laisser sécher au moins pendant 24 heures.

c. *Remplacer l'élastique serre-nuque et poser son agrafe.*

Serre-nuque. — Coudre extérieurement 1 centimètre de l'extrémité libre du milieu de la garniture mentonnière gauche sur la bordure du masque.

Agrafe. — Coudre extérieurement l'agrafe au milieu de la garniture mentonnière droite, le crochet tourné vers l'extérieur. Il faut avoir soin de la placer non sur l'étoffe, mais sur la bande mentonnière, de manière qu'elle soit cousue dans toute l'épaisseur du tissu, afin d'éviter les déchirures qui peuvent se produire par la trop forte tension du serre-nuque. Enduire avec soin les coutures d'une couche d'enduction n° 2 et laisser sécher au moins 24 heures.

Boucle de réglage. — Passer l'extrémité de l'élastique serre-nuque dans la boucle, de telle façon que la traverse médiane soit du côté opposé aux deux grands côtés latéraux, passer ensuite l'extrémité libre dans l'anneau d'attache, plier vers l'intérieur l'élastique et passer l'extrémité libre dans la boucle en la repliant autour de la traverse médiane sur une longueur de 1 centimètre environ. Fixer par deux solides points d'arrêt ce repli de 1 centimètre.

La boucle de réglage pourra alors coulisser le long de l'élastique du serre-nuque et permettre de faire varier sa longueur.

d. *Remplacer le ruban de suspension.*

Coudre extérieurement 1 centimètre de chacune des extrémités du ruban, l'une contre l'élastique serre-nuque, l'autre contre l'agrafe et toutes deux du côté du menton. Enduire avec soin les coutures d'une couche d'enduction n° 2 et laisser sécher pendant 24 heures au moins.

e. *Consolider les coutures des élastiques.*

Toutes les fois qu'une couture présente un caractère insuffisant de solidité, il est nécessaire de la refaire. Refaire la nouvelle couture à l'emplacement de l'ancienne, après avoir enlevé les anciens fils. Enduire les coutures au pin-

---

(1) L'enduction n° 2 s'épaississant rapidement à l'air, la conserver le plus possible dans des récipients fermés.

ceau avec l'enduction n° 2. Laisser sécher au moins pendant 24 heures.

f. *Enlever les souillures du masque.*

Brosser le masque à l'extérieur. Lorsque les souillures ne peuvent être enlevées à la brosse ou au linge sec, brosser avec un linge légèrement mouillé. Nettoyer les viseurs avec un linge sec, en frottant très légèrement, après s'être assuré que les vitres sont bien sèches. Pour nettoyer l'intérieur du masque, séparer le dispositif anti-buée de l'embase en faisant effort avec deux doigts autour du disque à trois bandes radiales bombées, de façon à dégager le cylindre ventouse à festons et à griffes de l'orifice de l'écrou fileté; dans cette opération, éviter de tirer sur l'entonnoir pour ne pas déchirer le tissu, retourner complètement le masque et enlever à la brosse tous les corps étrangers qu'il peut présenter (mies de pain, tabac, terre).

g. *Remplacer les viseurs.*

Enlever le fixe-vitre, après avoir soulevé avec la pointe d'une spatule en bois les griffes qui enserrent l'œillère.

Enlever le viseur et vérifier que l'œillère n'est pas percée.

Remettre un viseur en bon état en opérant de la façon inverse; avoir soin de mettre la partie festonnée ou à pans coupés vers l'intérieur du masque. Quand un viseur en acétylcellulose est en place, le lettre G rouge vue de l'intérieur du masque doit être lue à l'endroit. Les viseurs armés doivent être placés de telle sorte que la surface peinte soit tournée vers l'extérieur.

Remettre le fixe-vitre en place, rabattre à la main toutes les griffes, en serrant fortement l'œillère de manière à assurer une étanchéité parfaite.

h. *Remplacer le fixe-vitre.*

Enlever le fixe-vitre en mauvais état comme il a été dit au paragraphe précédent. Mettre un nouveau fixe-vitre, ou l'ancien s'il s'agissait seulement de le repeindre, en serrant fortement les griffes sur l'œillère.

i. *Remplacer le potège-soupape d'expiration.*

Enlever le protège-soupape, le nettoyer à la brosse; s'il est couvert de vert-de-gris, le tremper dans une solution d'ammoniaque. Le changer si les griffes sont détériorées.

Remettre le protège-soupape en place en ajustant ses trois griffes de façon qu'elles pénètrent, en forçant, dans le raccord porte-soupape d'expiration, les griffes devant faire ressort. A cet effet, ajuster d'abord deux griffes dans l'orifice du raccord porte-soupape, régler la troisième, de telle sorte qu'en enfonçant la grille, aucune des griffes ne vienne s'aplatir sur le bord du raccord.

j. *Remplacer la rondelle en caoutchouc du raccord femelle porte-cartouche.*

Relever les quatre griffes maintenant la rondelle, enlever la rondelle détériorée, remettre la nouvelle en place et serrer fortement les griffes.

k. *Remplacer la rondelle en caoutchouc de l'écrou fileté en laiton.*

Retirer le cylindre ventouse de l'orifice de l'écrou fileté. Retourner complètement le masque. Enlever le protège-soupape. Dévisser l'écrou fileté au moyen de la clef spéciale pour le démontage de l'embase. Éviter d'écraser la tête de l'écrou. Éviter également de dégrader la peinture de l'embase en frottant la cuvette arrière avec la clef.

Enlever l'écrou fileté, mais ne pas séparer les deux cuvettes de l'embase. Enlever la rondelle détériorée et, s'il y a lieu, les débris de caoutchouc.

Remettre une rondelle en bon état. Visser l'écrou fileté après avoir enduit les filets, avec un linge, d'un mélange à parties égales de suif et de cire fondus au bain-marie. Prendre les mêmes précautions que pour le démontage. Visser jusqu'à ce que la rondelle soit fortement serrée, sans toutefois forcer les filets de l'écrou.

Retourner le masque. Remettre en place le protège-soupape et le cylindre-ventouse.

l. *Remplacer la cartouche.*

Les cartouches se vissent indistinctement sur toutes les embases. (Visser à fond, mais sans forcer.)

m. *Renouveler la peinture de l'embase ou de la cartouche en conservant les marques.*

Dérouiller l'embase s'il y a lieu et la peindre au pinceau avec une peinture de couleur kaki mate. Pocéder de même pour la cartouche, en ayant soin de passer le pinceau presque sec sur la grille, afin que la peinture ne vienne pas obturer les mailles du tamis qui se trouve au-dessous. Conserver les marques qui se trouvent sur l'embase et sur la cartouche; à cet effet, passer, après avoir peint, un chiffon sur l'endroit où se trouvent les indications à conserver.

Laisser ensuite sécher l'embase et la cartouche.

n. *Redresser la boîte métallique.*

Enlever le disque en carton contenant le viseur de rechange. Redresser la boîte métallique à l'aide de mandrins dont le diamètre est légèrement inférieur au diamètre intérieur de la boite. Placer la boîte sur le mandrin. Frapper avec un maillet tout autour de la boîte de façon à lui rendre sa forme primitive. Terminer en redressant à l'aide d'un petit marteau le rebord du fond de la boîte. Opérer de la même façon pour le couvercle.

o. *Remplacer un passant de la boîte métallique.*

River un nouveau passant ou consolider l'ancien au moyen de rivets. On peut aussi souder un passant, mais la fixation au moyen de rivets présente une plus grande solidité.

p. *Remplacer le poussoir de la boîte métallique.*

Redresser le poussoir de la boîte métallique s'il est déformé, le remplacer s'il est brisé, le fixer au moyen de rivets.

q. *Repeindre la boîte métallique.*

La boîte étant réparée, dérouiller la boîte s'il y a lieu et la repeindre au pinceau avec une peinture kaki mate.

Laisser sécher la boîte soit à l'air libre, soit dans une chambre où l'on entretient une température de 35° à 40°; dans ce dernier cas, il suffit de laisser la boîte exposée pendant une heure environ. Remplacer l'étiquette. Mettre le disque avec un viseur de rechange du même modèle que ceux qui sont déjà sur le masque. Placer le disque en carton de telle sorte que le viseur soit compris entre le disque en carton et le fond de la boîte.

r. *Remplacer la sangle de la boîte métallique.*

Enlever la sangle détériorée. Placer la nouvelle, la coudre. Veiller à ce qu'elle ne soit pas tordue sur elle-même.

BIBLIOTHÈQUE ... IMPRIMÉS

s. *Remplacer la patte d'attache.*

Enlever la patte détériorée. Placer la nouvelle. La coudre.

t. *Remplacer le disque en carton portant le viseur de rechange.*

Enlever le disque détérioré. Retirer le viseur de rechange de sa pochette; prendre un disque neuf, remettre le viseur dans sa pochette et placer le disque dans la boîte comme il a été dit au paragraphe « Repeindre la boîte métallique ».

u. *Refaire les coutures du pare-pluie de la bonnette.*

Refaire les coutures du pare-pluie de la bonnette après avoir enlevé les anciens fils.

v. *Remplacer le ruban de serrage et les œillères de la bonnette.*

Découdre le ruban en mauvais état, enlever les anciens fils. Recoudre le nouveau ruban à la place de l'ancien. Remplacer les œillets qui manquent ou qui ne tiennent plus suffisamment.

w. *Remplacer le molleton de la bonnette.*

Découdre le croisillon retenant la bonnette détériorée, en mettre une neuve et remettre le croisillon à la même place.

Nota. — Après les réparations suivantes, et s'il s'agit d'appareils de mobilisation (1) ; remplacer les viseurs, les fixe-vitres, la rondelle en caoutchouc du raccord femelle porte-cartouche, la rondelle en caoutchouc de l'écrou fileté, les appareils réparés seront éprouvés pendant 5 minutes au moins dans une atmosphère renfermant du bromure de benzyle. Si un appareil n'est pas étanche, vérifier tout d'abord le bon ajustage du masque sur la figure, le serrage de l'écrou fileté, enfin le sertissage et le bon état des viseurs.

Si la réparation est bien faite et si néanmoins l'appareil n'est pas étanche, le mettre de côté pour l'envoyer avec les appareils à réparer à l'atelier du deuxième degré.

Après l'épreuve dans la chambre à gaz, désinfecter les appareils reconnus bons avant de les remettre en service.

---

(1) Pour les appareils d'instruction, cette épreuve est remplacée par les passages normaux en chambre à gaz.

ARTICLE 53.

RÉPARATIONS DES MASQUES M2

a. *Désinfecter le masque.*

(Voir appareil A. R. S., *a*.)

Après avoir désinfecté un masque M 2, imprimer la lettre D à l'envers du pare-pluie. Les masques ainsi marqués ne pourrons être utilisés que comme masques d'instruction et ne pourront être classés dans la réserve de guerre. Cette apposition de la lettre D sera faite une fois pour toutes, lors de la première désinfection.

Pour nettoyer les pochettes du masque M 2, les immerger pendant une demi-heure dans la lessive savonneuse suivante :

Carbonate de soude du commerce	10 grammes,
Savon noir	5 grammes,
Crésyl	2 grammes,
Eau	1 litre.

Rincer ensuite avec soin dans l'eau courante. Essorer sans tordre ; laisser sécher à l'air libre.

b. *Réparer le système d'attache, le serre-nuque, le ruban de position d'attente.*

Opérer d'une manière analogue à celle qui est indiquée pour l'appareil A. R. S., mais ne pas passer d'enduction sur les coutures.

c. *Remplacer les viseurs.*

(Voir appareil A. R. S., *g*.)

d. *Remplacer les fixe-vitres.*

(Voir appareil A. R. S., *h*.)

e. *Refaire les coutures de la pochette imperméable.*

Découdre la partie à consolider, enlever les anciens fils. Faire de nouvelles coutures en repassant par les anciens trous de l'aiguille. Consolider le bouton ou le remplacer s'il y a lieu. Refaire les coutures de la boutonnière.

f. *Remplacer le ruban de la pochette.*

Découdre le ruban détérioré, enlever les anciens fils, recoudre le nouveau ruban à la place de l'ancien.

g. *Redresser l'étui métallique.*

(Voir appareil A. R. S., *n.*)

Les mandrins, au lieu d'être cylindriques, sont rectangulaires et épousent exactement la forme intérieure de l'étui. Mettre la boîte à redresser sur le mandrin afférent à la taille de l'étui.

h. *Remplacer un passant de l'étui métallique.*

(Voir appareil A. R. S., *o.*)

i. *Repeindre l'étui métallique.*

L'étui étant réparé, le dérouiller, s'il y a lieu, et le peindre au pinceau avec une peinture kaki mate. Laisser sécher l'étui soit à l'air libre, soit dans une chambre où l'on entretient une température de 35° à 40° ; dans ce dernier cas, il suffit de laisser l'étui exposé pendant une heure environ.

j. *Remplacer le cordeau de l'étui métallique.*

Placer le nouveau cordeau de telle sorte que les passants du couvercle puissent coulisser librement. Faire un nœud à chacune des extrémités du cordeau pour l'empêcher de sortir du passant.

ARTICLE 54.

RÉPARATIONS DES APPAREILS TISSOT.

a. *Désinfecter le masque.*

Pour les masques en tissu caoutchouté, opérer comme pour les masques A. R. S. Pour les masques en caoutchouc, opérer de la même manière, toutefois, ne pas employer le tétrachlorure de carbone. Frotter toutes les parties intérieures du masque qui s'appliquent directement sur la figure avec le linge ou le tampon de coton imbibé de formol dilué au centième.

b. *Remplacer les vitres.*

Desserrer les griffes du fixe-vitres avec une spatule en bois, enlever la vitre à changer, puis en mettre une neuve.

Serrer fortement les griffes du fixe-vitres sur les œillères de façon à assurer une étanchéité parfaite.

c. *Remplacer les fixe-vitres.*

Desserrer les griffes du fixe-vitres, enlever la vitre, enlever le fixe-vitres. Peindre le fixe-vitres ou le remplacer. Placer le fixe-vitres sur l'œillère.

Replacer la vitre.

Rabattre à la main toutes les griffes en serrant fortement l'œillère de manière à assurer une étanchéité parfaite.

d. *Rendre son élasticité au masque en caoutchouc.*

Déposer le masque sur une table ou sur une étagère dans un local où la température est maintenue entre 45° et 50°. La chaleur agit sur le caoutchouc et lui rend son élasticité.

On peut encore malaxer le masque avec précaution à l'aide des doigts et exercer quelques tractions sur les brides.

Les masques déchirés ou fendillés sont à remplacer.

e. *Boucher une petite perforation du masque en caoutchouc.*

Découper deux pastilles en caoutchouc. Avoir soin de les tailler en biseau, afin qu'elles adhèrent mieux au masque et qu'elles ne risquent pas de se décoller lors des manipulations du masque.

Nettoyer à la benzine le masque, à l'intérieur et à l'extérieur, près des perforations; nettoyer également les pastilles à la benzine.

Passer de la dissolution sur le masque, ainsi que sur les pastilles. Laisser sécher presque complètement. Coller ensuite les pastilles sur les perforations, l'une intérieurement, l'autre extérieurement. S'assurer qu'elles sont bien collées sur les bords.

Une déchirure, même légère, entraîne le remplacement du masque.

f. *Masque en tissu caoutchouté. — Changer les élastiques du système d'attache.*

(Voir appareil A. R. S., *b*.)

g. Masque en tissu caoutchouté. — Remplacer l'élastique serre-nuque.

(Voir appareil A. R. S., *c.*)

h. Remplacer un bouchon d'œillère, un bouchon de tuyau, un bouchon de bidon filtreur.

Changer le bouchon s'il est abîmé ou si la partie métallique est usée, rouillée ou cassée.
Prendre un nouveau bouchon d'un diamètre convenable, le rattacher au moyen d'une ficelle.

i. Remplacer les ficelles d'attache des bouchons.

Changer la ficelle si elle est en mauvais état ou cassée. Fixer la ficelle neuve au même point d'attache. Bien la fixer au bouchon au moyen d'un nœud.

j. Enlever la rouille et le vert-de-gris de la tubulure multiple ou du raccord-canette.

Enlever la rouille avec la toile émeri.
Enduire la partie métallique, mise à nu, de peinture kaki.

k. Remplacer la rondelle en caoutchouc du raccord-canette.

Enlever la rondelle détériorée, nettoyer s'il y a lieu la partie métallique afin d'enlever le caoutchouc qui y adhère. Placer une nouvelle rondelle.

l. Remplacer la rondelle en caoutchouc du raccord coudé.

Opérer comme il est indiqué dans le paragraphe précédent. Visser à fond l'écrou du raccord coudé.

m. Dérouiller les ligatures du tuyau souple ou des tuyaux d'œillère.

Enlever la rouille à l'aide de toile émeri, en évitant d'user le caoutchouc. Passer de la dissolution de caoutchouc sur les parties frottées.

n. Échanger le tuyau souple monté en mauvais état par un tuyau souple monté en bon état.

(Le montage du tuyau proprement dit sur ses raccords métalliques est une opération du 2e degré ; voir art. 70, *k.*)

o. Échanger le masque monté.

Comme pour le tuyau souple.

p. Remplacer les cordelettes du bidon filtreur.

(Voir plus haut, *i*.) Remplacer les ficelles d'attache des bouchons.

q. Remplacer les sangles de fixation de la cartouche additionnelle.

Remplacer les sangles si elles sont en mauvais état.

r. Repeindre le bidon filtreur.

Enlever, s'il y a lieu, à l'orifice d'entrée d'air les souillures occasionnées par la décomposition de la soude. Dérouiller le bidon s'il y a lieu. Peindre le bidon en kaki en évitant de faire disparaître les notices et les marques spéciales. Si les parois du bidon filtreur présentent des traces de décomposition de soude, l'appareil est à envoyer à l'atelier Z du second degré.

s. Réparer la caisse.

On peut remplacer le couvercle, un des côtés de la caisse, les tasseaux, les charnières et la sangle. Repeindre la caisse en kaki, en conservant les indications qu'elle porte.

Nota. — Les appareils qui ont subi les réparations *b*, *c*, *d*, *c* sont essayés ensuite dans une atmosphère viciée avec du bromure de benzyle (1). (Voir appareil A. R. S., *nota*.)
Les masques des appareils reconnus bons sont désinfectés.

ARTICLE 55.

RÉPARATIONS DES APPAREILS DRAEGER.

a. Désinfecter l'embouchure.

Tremper l'embouchure pendant cinq minutes dans de l'eau bouillante. Pour cette opération, l'embouchure reste

(1) Seulement s'il s'agit d'appareils de mobilisation. (L'essai sera fait en adaptant les éléments à essayer sur le bidon filtreur d'un appareil d'instruction.)

ligaturée au bec recourbé du tube flexible en caoutchouc, dont le bouchon est retiré et désinfecté de la même manière et en même temps que l'embouchure. A défaut d'eau bouillante, la nettoyer avec de l'eau et du savon à l'aide d'une brosse dure, l'embouchure restant également ligaturée. Laisser sécher et replacer ensuite le bouchon. Enfin protéger l'embouchure à l'aide de papier propre fixé avec une ficelle (plomber si possible).

b. *Remplacer le bouchon de l'embouchure.*

Fixer solidement le bouchon neuf à son cordon d'attache en cuir.

c. *Remplacer les capuchons en caoutchouc des pince-narines.*

Replacer les capuchons, en bon état, après avoir enlevé le vert-de-gris, s'il y a lieu.

d. *Remplacer la sangle de suspension.*

Les sangles étant fournies toutes faites, il suffit de placer les crochets, les passants et de les river à l'anneau de la double pince.

e. *Remplacer la ceinture.*

f. *Refaire les coutures de l'enveloppe.*

g. *Refaire la poche de la clef.*

h. *Remplacer l'enveloppe.*

i. *Remplacer l'écrou à oreilles du boulon de la douple pince.*

j. *Remplacer une branche de la double-pince.*

1° Si c'est la branche mobile, il suffit de démonter l'écrou à oreille. En remontant, avoir soin de replacer la rondelle.

2° S'il s'agit de la branche fixe, dévisser les quatre vis placées derrière l'enveloppe, contre la plaque de l'armature. Dérouiller et nettoyer les pièces métalliques s'il y a lieu.

k. *Remplacer les mousquetons de la sangle de suspension et de la ceinture.*

l. *Remplacer un bouton à pression de l'enveloppe.*

m. *Remplacer la cartouche* (1).

Séparer la cartouche du tube flexible, ensuite la dégager de la double pince ; à cet effet, dévisser l'écrou à oreilles et écarter la branche mobile en la faisant tourner autour de son axe. Dévisser l'écrou du raccord femelle du raccord à trois branches et retirer la cartouche.

Vérifier la nouvelle cartouche avant de la poser. (Voir plus haut, chap. II, art. 33, *d*.)

La placer ensuite, en ayant soin de mettre du côté du sac le côté marqué « Bas côté sac », la relier au raccord à trois branches en vissant l'écrou à bloc, après avoir mis le joint en cuir. Remettre en place la branche mobile de la double pince, visser l'écrou à oreilles, réunir le tube flexible en caoutchouc à la cartouche.

n. *Remplacer la bouteille d'oxygène.*

Dégager la double pince comme s'il s'agissait de remplacer la cartouche, puis desserrer avec la clef l'écrou à six pans. Mettre la nouvelle bouteille en place après l'avoir vérifiée (voir visite détaillée). Resserrer l'écrou avec la clef. *Il est formellement interdit de mettre aucune substance grasse (huile, graisse ou vaseline, suif, etc.) sur les raccords.*

o. *Dérouiller et repeindre la bouteille d'oxygène.*

Dérouiller la bouteille en évitant d'enlever le capuchon métallique et l'étiquette. Puis la peindre en kaki.

p. *Lunettes.*

Remplacer les viseurs. (Voir appareil A. R. S., *g*.)

q. *Lunettes.*

Remplacer les fixe-vitres. (Voir appareil A. R. S., *h*.)

r. *Lunettes.*

Remplacer le fil métallique. — Découdre la partie en molleton. Refaire ensuite la nouvelle couture à la place de l'ancienne, après avoir placé le fil métallique.

---

(1) En temps de paix, la cartouche est conservée séparée de l'appareil.

s. Lunettes.

Remplacer les brides d'attache. — Recoudre les nouvelles brides à la place des anciennes, en passant dans les mêmes trous d'aiguille.

Enduire avec soin les coutures, du côté du loup en caoutchouc, d'une couche d'enduction n° 2. Laisser sécher pendant au moins 24 heures.

t. Échanger le tube flexible.

(Voir appareil Tissot, *n.*)

ARTICLE 56.

RÉPARATIONS DES APPAREILS FENZY P. M.

a. Désinfecter l'embouchure.

(Voir appareil Draeger, *a.*)

b. Remplacer le bouchon de l'embouchure.

(Voir appareil Draeger, *b.*)

c. Remplacer les capuchons en caoutchouc du pince-narines.

(Voir appareil Draeger, *c.*)

d, e. Remplacer un perforateur. — Remplacer le joint en caoutchouc.

Dévisser la vis-arrêtoir de la lanterne, dévisser la lanterne, remplacer le perforateur et le joint en caoutchouc s'ils sont en mauvais état. Visser la lanterne et la vis arrêtoir.

f. Remplacer la cartouche d'oxylithe (1).

Séparer la cartouche du tube souple, dévisser la cartouche; vérifier la nouvelle cartouche avant de la poser (voir plus haut, chap. II, art. 38, *d*); visser à fond la nouvelle cartouche sur le raccord femelle de la canalisation, après avoir mis le joint de cuir, en ayant soin de mettre

(1) En temps de paix, la cartouche est conservée séparée de l'appareil.

6.

du côté de la canalisation la face qui ne porte pas l'inscription « Haut ».

h. Remplacer les courroies de suspension. — Remplacer une boucle de courroie de suspension.

i. Redresser la boîte métallique.

(Voir appareil A. R. S., *n.*)

Le mandrin employé est en bois et de section ovale.

j. Remplacer un passant de la boîte métallique.

(Voir appareil A. R. S., *o.*)

k. Repeindre la boîte métallique.

(Voir masque M 2, *i.*)

l. Remplacer le cordeau de la boîte métallique.

Placer la nouvelle tresse de telle sorte que les passants du couvercle puissent coulisser librement. Rouler sur les extrémités et coudre les rouleaux ainsi formés, pour empêcher la tresse de sortir du passant.

m. Réparer les lunettes.

(Voir appareil Draeger, *p, q, r, s.*)

n. Échanger le tube souple.

(Voir appareil Tissot, *u.*)

ARTICLE 57.

RÉPARATIONS DES APPAREILS FENZY G. M.

(Appareils M. C. G. de longue durée.)

a. Désinfecter l'embouchure.

(Voir appareil Draeger, *a.*)

b. Remplacer le bouchon de l'embouchure.

(Voir appareil Draeger, *b.*)

m. *Réparer la caisse.*

Réparer les détériorations constatées.

n. *Réparer les lunettes.*

(Voir appareil Draeger, *p, q, r, s.*)

o. *Échanger les tubes souples.*

(Voir appareil Tissot, *n.*)

ARTICLE 58.

RÉPARATIONS AUX EFFETS SPÉCIAUX DE PROTECTION

a. *Refaire une couture.*

En principe, les coutures sont faites d'après les règles suivantes (ne pas modifier celles qui ne seraient pas confectionnées ainsi).

Quand deux pièces en tissu huilé sont assemblées par une couture *couchée*, il doit y avoir deux lignes de points de couture, ou bien la piqûre doit porter sur trois épaisseurs, ou bien la couture doit être recouverte par une bandelette également en toile huilée.

Les coutures non couchées doivent être renforcées par une piqûre embrassant quatre épaisseurs de tissu en emprisonnant la couture fondamentale; l'assemblage, dans ce cas, se présente en *redressé.*

Les coutures doivent être faites à points serrés.

Elles doivent *toutes* être recouvertes du vernis spécial violet employé pour recouvrir les coutures du tissu huilé du masque de l'appareil A. R. S.

Après avoir passé ce vernis, laisser sécher pendant 12 heures au moins.

b. *Remettre une pièce.*

Appliquer, pour les coutures, les principes exposés ci-dessus.

c. *Recoudre un bouton.*

d. *Remplacer une patte, une tresse, une corde, une lanière.*

Toutes les fois qu'une couture traverse du tissu huilé, la recouvrir du vernis violet dont il est question plus haut.

longement de la patte d'attache. La fixer au moyen de points de couture en prenant avec l'aiguille plusieurs épaisseurs de gaze.

l. Dérouiller les parties métalliques.

m. Refaire les coutures de la pochette.

(Voir masque M 2, e).

ARTICLE 60.

RÉPARATIONS DES PULVÉRISATEURS VERMOREL.

a. Nettoyer le pulvérisateur.

Enlever le couvercle en soulevant le levier de l'excentrique de façon à dégager la bague en caoutchouc du couvercle. Oter la grille de remplissage. Enlever le tuyau de caoutchouc enfermé dans l'appareil. Enlever les bretelles de suspension. Enlever la peinture, si elle est en mauvais état. Dérouiller l'appareil extérieurement, en le grattant avec des brosses métalliques ou de la toile émeri, de façon à enlever toute trace de rouille. Vérifier, en le remplissant d'eau, que la rouille n'a pas percé le métal. Vider ensuite toute l'eau qu'il contient, ainsi que celle qui se trouve dans la cloche à air. Égoutter et essuyer l'appareil.

L'appareil doit être verni intérieurement au vernis copal (opération à exécuter par les ateliers Z 2).

b. Repeindre l'appareil extérieurement.

Peindre, s'il y a lieu, au moyen de deux couches de peinture kaki. Laisser sécher à l'air et replacer les diverses parties de l'appareil (grille, couvercle et bretelle).

c. Remplacer le bouchon du trou d'air et de vidange.

Enlever le bouchon détérioré en desserrant le crochet de la tige qui le retient. Replacer le nouveau bouchon en resserrant le crochet.

d. Remplacer le couvercle.

e. Remplacer la grille de remplissage.

Remplacer la grille de remplissage lorsqu'elle est rongée par la rouille et que les trous occasionnés par cette dernière ne permettent plus de filtrer le liquide versé dans le pulvérisateur.

f. *Remplacer l'arbre coudé.*

Dévisser les vis du chapeau de palier de l'arbre coudé et du chapeau de la bielle en bronze, les retirer de leur logement et enlever les chapeaux. Enlever la goupille et desserrer l'écrou. Enlever le levier. Retirer l'arbre coudé en le dégageant du support se trouvant au-dessous du corps de soupape.

Placer un nouvel arbre en opérant en sens inverse. Récupérer tous les éléments qui sont en bon état, c'est-à-dire l'écrou, la goupille, les chapeaux de palier et de la bielle ainsi que leurs vis. Peindre l'arbre en noir s'il ne l'est déjà. Éviter de peindre les chapeaux de palier et de la bielle en bronze, ainsi que cette dernière.

g. *Remplacer l'écrou d'arbre coudé.*

h. *Remplacer la goupille d'arbre coudé.*

i. *Remplacer le levier.*

Enlever la goupille et dévisser l'écrou. Remplacer le levier détérioré par un neuf et remonter. Peindre le levier en noir s'il ne l'est pas.

j. *Remplacer la lance complète.*

Défaire la ligature qui retient le tuyau en caoutchouc à la lance. Remonter une nouvelle lance en refaisant les ligatures. Les ligatures du tuyau en caoutchouc sont faites avec du fil d'acier. Faire cinq tours de fil en faisant passer une extrémité sous la ligature, après le cinquième tour, arrêter la ligature en faisant une torsion.

k. *Remplacer la grille-filtre de lance.*

Dévisser le tube de lance ; enlever le filtre détérioré et le remplacer par un neuf. Nettoyer les filets de l'intérieur du tube-poignée, graisser les filets ; visser le tube de lance sur le raccord femelle du tube-poignée.

l. *Remplacer une rondelle-joint.*

Dévisser le tube de lance, enlever la rondelle en mauvais état, enlever les débris de cuir, nettoyer les filets, enlever le vert-de-gris. Remettre un nouveau joint et revisser le tube de lance après avoir graissé les filets.

m. *Remplacer le tube-poignée avec robinet soudé.*

Défaire la ligature du tube et du tuyau souple. Dévisser le tube de lance. Changer le tube-poignée. Récupérer la clef du robinet ainsi que sa rondelle et son écrou. Remonter la lance d'après les indications précédentes *k*.

n. *Remplacer le tube de lance avec ses deux raccords.*

Dévisser l'embout Besnard. Séparer en les dévissant le tube de lance et le tube-poignée. Changer le tube de lance. Graisser les filets du nouveau tube et le remonter ainsi que l'embout.

o. *Remplacer l'embout Besnard.*

Dévisser l'embout et le remplacer après avoir nettoyé et graissé les filets de l'embout.

p. *Remplacer le couvercle de l'embout.*

Dévisser le couvercle, nettoyer les filets de l'embout. Revisser un nouveau couvercle.

q. *Remplacer la tubulure à oreilles.*

Défaire la ligature du tuyau en caoutchouc et de la tubulure à oreilles. Dévisser la tubulure, la remplacer. Confectionner la ligature du tuyau en caoutchouc (voir plus haut, *j*). Graisser les filets de la tubulure et revisser dans les raccords femelles.

r. *Remplacer le tuyau en caoutchouc.*

Défaire les ligatures. Remplacer le tuyau en caoutchouc après avoir nettoyé les parties sur lesquelles il porte, les graisser et remonter le tuyau en caoutchouc en faisant les ligatures (voir plus haut, *j*).

Remplacer une bretelle en cuir.

Remplacer une bretelle-sangle.

Remplacer un bouton et un crochet de bretelle.

ARTICLE 64.

APPAREIL DRAEGER.

Remplacer l'embouchure en caoutchouc.
Remplacer une bague en caoutchouc couvre ligature.
Remplacer le tube flexible.
Réparer le sac respiratoire.
Ressouder la cartouche.
Remplacer le sac respiratoire.

ARTICLE 65.

APPAREIL FENZY P. M.

Remplacer l'embouchure.
Remplacer le tube souple.
Réparer le sac respiratoire.
Remplacer le sac respiratoire.
Revoir les filets d'une vis de pression.
Remplacer une lanterne.
Ressouder la cartouche.

ARTICLE 66.

APPAREIL FENZY G. M.

Remplacer l'embouchure.
Remplacer une soupape.
Remplacer un tube souple.
Remplacer l'appareil buccal.
Remplacer un raccord coudé.
Réparer le sac respiratoire.
Remplacer le sac respiratoire.
Remplacer le récipient à salive.
Remplacer le raccord réducteur de pression.
Ressouder une cartouche.
Réparer la caisse.

ARTICLE 67.

PULVÉRISATEUR VERMOREL.

Remplacer le disque du couvercle.
Remplacer une soupape.
Roder le robinet.
Remettre en état un pulvérisateur oxydé intérieurement.

DÉTAILS D'EXÉCUTION DES RÉPARATIONS.

ARTICLE 68.

RÉPARATIONS DES APPAREILS A. R. S.

a. *Refaire les coutures du masque.*

Toutes les fois qu'une couture paraît manquer de solidité, il est nécessaire de la refaire. Pour cela, refaire la nouvelle couture, à la machine, à la place de l'ancienne, après avoir enlevé les anciens fils. Enduire les coutures au pinceau avec l'enduction n° 2, si elles sont sur tissu caoutchouté; avec du vernis spécial violet, si elles sont sur tissu huilé.

b. *Refaire les ligatures du masque sur l'embase.*

Les ligatures du masque sur l'embase sont au nombre de deux. Chacune d'elles doit fixer solidement la périphérie de l'ouverture circulaire du masque sur la gorge de l'embase, et pour cela comporte quatre tours de fil, avec arrêt par de solides nœuds aux deuxième et quatrième tours.

Pour les refaire dégager le cylindre-ventouse de l'orifice de l'écrou fileté. Défaire les ligatures du masque sur l'embase à l'aide de ciseaux en commençant par la deuxième ligature. Avoir soin de ne pas déchirer le tissu caoutchouté et le tissu huilé avec la pointe des ciseaux

Première ligature. — Placer l'embase sur la forme afférente à la taille du masque, de façon que la cloison antérieure de la cuvette avant porte sur la forme et que le raccord femelle porte-cartouche s'engage dans l'orifice pratiqué au milieu de la forme, le tenon s'engageant dans l'orifice du tube lisse de sortie d'air.

Retourner le masque de manière que le tissu huilé se trouve à l'extérieur. Placer le masque sur l'embase de façon que les œillères du loup en caoutchouc coïncident avec celles de la forme. Amener le bord de l'ouverture circulaire de la partie inférieure du masque en contact avec le bourrelet postérieur de la gorge de la cuvette arrière. Si on a trop enfoncé le masque, recommencer l'opération, ne jamais se servir de la pointe des ciseaux ou de tout autre objet tranchant, pour éviter la détérioration du tissu huilé.

Passer du vernis spécial violet sur les coutures du tissu huilé, si elles n'en sont pas déjà recouvertes (ce vernis s'évaporant rapidement à l'air, le conserver le plus possible dans des récipients fermés). Laisser sécher pendant 12 heures.

Passer de l'enduction n° 2 sur les coutures du tissu caoutchouté qui n'en sont pas déjà recouvertes (cette enduction s'épaississant rapidement à l'air, la conserver le plus possible dans des récipients fermés). Laisser sécher pendant 24 heures.

Coudre le [illegible], le système d'attache et le ruban de suspension. Recoudre la patte de l'entonnoir et l'entonnoir du dispositif antibuée, placer le cylindre ventouse dans l'écrou fileté. Placer les viseurs et les fixe-vitres.

d. Remplacer la soupape d'expiration.

Enlever le cylindre ventouse de l'orifice de l'écrou fileté. Retourner complètement le masque pour dégager toute la partie postérieure de la cuvette arrière. Enlever le protège-soupape d'expiration. Desserrer l'écrou fileté au moyen de la clef spéciale. Éviter d'écraser la tête de l'écrou. Éviter également de dégrader la peinture de l'embase en frottant la cuvette arrière avec la clef.

L'écrou fileté enlevé, remettre le masque à sa position normale. Séparer les deux parties de l'embase; on peut éprouver une résistance si de l'enduction est interposée entre les deux cuvettes. Dans ce cas, introduire le pouce de la main gauche dans la cuvette avant, en le plaçant à l'intérieur du tube fileté en laiton; faire effort sur la [illegible] antérieure de la cuvette arrière tout en exerçant une traction en sens inverse sur la cuvette arrière avec la main droite. Lorsqu'on ne peut arriver par ce procédé à séparer les deux cuvettes, appuyer le bord de la [illegible] de la cuvette arrière opposé à la partie cylindrique [illegible] sur le bord d'une table et faire effort verticalement vers le bas, les mains tenant l'appareil [illegible] par la cartouche. Dans tous les cas, éviter de frapper sur le masque au moyen d'objets quelconques.

Enlever la soupape [illegible] enlever les débris de caoutchouc adhérant au raccord porte-soupape. Cette précaution est nécessaire, car la nouvelle soupape pourrait ne pas porter exactement sur tout le pourtour de la gorge du raccord porte-soupape d'expiration et l'étanchéité ne serait pas complète.

Prendre une soupape en bon état.

Placer devant soi la cuvette arrière, l'orifice donnant passage au tube fileté en laiton, le raccord porte-soupape et le milieu du corps de l'opérateur étant en ligne droite. Fixer la cuvette dans cette position. Saisir la soupape entre le pouce et l'index de chaque main [illegible]

[illegible] central une forme très allongée [illegible] présenter la soupape [illegible] trou central en dessous, au raccord porte-soupape de telle façon que le bord allongé de l'orifice situé le plus près du corps de l'opérateur vienne se placer dans la gorge du raccord, éloigner de soi la soupape en s'efforçant d'engager dans la gorge tout le pourtour du trou central de façon que la soupape tienne solidement.

Pour faciliter la mise en place de la soupape, la mouiller légèrement près du trou central, ainsi que le raccord porte-soupape lui-même.

Il est également avantageux de donner à la cuvette arrière une inclinaison de 80° environ ; pour l'obtenir faire reposer la cuvette arrière sur le [illegible] du masque ou sur un plan incliné (cas du masque non fixé à l'embase).

[illegible] en place, la [illegible] devra être perpendiculaire [illegible] du raccord porte-soupape et de l'orifice livrant passage au tube fileté en laiton.

S'assurer que les bords du trou central de la soupape sont bien dans la gorge du tube-raccord porte-soupape.

Remonter l'embase en introduisant d'abord [illegible] postérieur de la cuvette avant dans la [illegible] de la cuvette arrière [illegible] raccord femelle de l'écrou fileté [illegible] dans l'orifice qui lui est réservé dans la cuvette arrière. Éviter dans cette opération de pincer la soupape entre l'extrémité du raccord femelle de l'écrou fileté et les bords de l'orifice de la cuvette arrière.

Retourner le masque. Fixer les deux cuvettes au moyen de l'écrou fileté en le serrant fortement sans toutefois [illegible]

Avant de remettre l'écrou fileté [illegible] le tremper dans [illegible] fondue au bain [illegible] à ce que la rondelle joint en caoutchouc [illegible] Prendre les mêmes précautions que pour le [illegible] remettre le protège-soupape en place après l'avoir [illegible] Remettre le masque [illegible] position normale. Placer le cylindre [illegible] dans l'orifice de l'écrou fileté.

e. Remplacer l'entonnoir du dispositif anti-buée.

Les opérations de démontage et de montage sont les mêmes qu'au paragraphe suivant.

[illegible] Remplacer le cylindre-ventouse du dispositif anti-buée.

[illegible] de l'orifice de l'écrou fileté [illegible] la partie [illegible] l'entonnoir en évitant de tirer sur le tissu. Enlever les anciens [illegible]

Démonter le dispositif anti-buée en soulevant les [illegible] du cylindre-ventouse.

Changer les parties reconnues défectueuses (entonnoir-disque à bandes radiales, cylindre-ventouse).

Pour remonter le dispositif anti-buée, on dispose d'un appareil spécial.

Placer le cylindre-ventouse à festons et à griffes dans la douille de l'appareil; placer l'entonnoir, en faisant entrer les griffes du cylindre dans l'orifice inférieur du tissu, mettre ensuite une olive en carton dans les mêmes conditions que l'entonnoir, et vérifier qu'elle est placée dans le sens de l'olive en étoffe. Recouvrir le tout du disque à trois bandes radiales bombées, en prenant soin que les griffes du cylindre-ventouse se trouvent approximativement au milieu de l'espace séparant chacune des bandes. Placer l'appareil à sertir sur le disque de telle sorte que chacune de ses branches pénètre dans l'espace séparant deux bandes du disque. Frapper un ou deux coups de marteau sur l'appareil à sertir de façon à rabattre autour du disque les griffes du cylindre-ventouse. Lorsque l'on ne dispose pas de cylindre-ventouse à festons, placer d'abord sur la douille, l'anneau de sertissage à griffes, puis le cylindre-ventouse à trois griffes rabattues de façon que ces dernières reposent approximativement au milieu de l'espace séparant deux griffes de l'anneau. Disposer les autres parties du dispositif anti-buée comme précédemment; rabattre les griffes de l'anneau avec un petit marteau.

Coudre l'entonnoir sur le bord du tissu huilé au-dessus (1) des œillères en prenant soin de placer la patte d'attache dans le prolongement de l'axe de l'écrou fileté; la face de l'entonnoir qui est caoutchoutée à l'extérieur doit se trouver du côté de l'intérieur du masque, les extrémités de l'entonnoir sont rabattues vers l'intérieur afin de ne pas venir obstruer, le masque étant à sa position normale, une partie du système de vision. Coudre le bord supérieur de la face de l'entonnoir qui se trouve du côté de l'extérieur du masque à l'extrémité de la patte qui est fixée à l'autre face de l'entonnoir. Coudre la patte, sous la bande frontale, de telle façon qu'elle soit légèrement tendue.

Remettre le masque à sa position normale. Remplacer le cylindre-ventouse dans l'orifice de l'écrou fileté.

g. *Remplacer le loup.*

Opérer de la façon suivante :

Séparer la cartouche de l'embase; retirer le cylindre-ventouse de l'orifice de l'écrou fileté; séparer le masque de l'embase en défaisant les deux ligatures (voir plus haut, *b*) ;

---

(1) Au-dessus, parce que le masque est renversé.

Enlever ensuite les fixe-vitres et les viseurs, puis découdre le système anti-buée et l'enlever. Pour découdre le loup en caoutchouc défectueux, couper avec des ciseaux du côté du tissu huilé le fil de la couture fixant le loup au masque en évitant de tirer sur le tissu; car toute déchirure du tissu huilé ou du tissu caoutchouté entraînerait la perte totale du masque proprement dit. Retirer le loup et enlever tous les débris de fil. S'assurer que le tissu huilé et le tissu caoutchouté sont en bon état. Nettoyez les bords du loup neuf avec un linge imbibé d'essence de térébenthine. Laisser sécher. Passer une couche de dissolution de caoutchouc sur la partie du loup en contact avec le bord du tissu caoutchouté; recouvrir également ce bord d'une couche de dissolution. Laisser sécher pendant vingt minutes environ. Disposer le loup entre le tissu huilé et le tissu caoutchouté en ayant soin de mettre les œillères au milieu du rectangle de la fenêtre. Réunir les feuillets et le loup en faisant à 10 millimètres environ des bords de la fenêtre du masque une piqûre à points allongés, vérifier la piqûre sur tout le pourtour du loup et s'assurer que les bords du tissu caoutchouté sont bien collés sur le loup; achever le collage s'il y a lieu;

Passer de l'enduction n° 2 sur l'ancienne et sur la nouvelle couture du tissu caoutchouté, et du vernis spécial violet sur celles du tissu huilé. Remonter le dispositif anti-buée (voir plus haut, *f*) ;

Remonter ensuite le masque sur l'embase (voir plus haut, *b*). Remonter les autres parties du masque (viseurs, fixe-vitres, cartouche).

h. *Redresser l'embase.*

Redresser le raccord femelle porte-cartouche à l'aide d'un mandrin. S'assurer que les cartouches se vissent bien.

Redresser la partie latérale de la cuvette arrière ainsi que la lèvre antérieure, maintenir rabattue la partie de cette lèvre qui doit l'être normalement.

i. *Remplacer l'écrou fileté.*

(Voir ci-dessus, art. 52, *k*.)

j. *Refaire les soudures de l'embase.*

Si la cuvette avant d'une embase a été reconnue non étanche, commencer par déterminer le point où se produit le défaut d'étanchéité. A cet effet, séparer l'embase du masque, séparer la cuvette avant et la cuvette arrière; obturer les orifices de la cuvette avant, l'un d'eux au moyen d'un bouchon en caoutchouc percé d'un canal central; la cuvette étant sous l'eau, envoyer de l'air dans ce canal, par exemple, au moyen d'une poire en caoutchouc.

Souder ensuite au fer chaud et à l'étain, après avoir nettoyé les parties à souder au grattoir et à l'acide chlorhydrique.

E. *Nettoyer et repeindre la boîte métallique.*

(Voir ci-dessus, art. 52, q.)

Dans les ateliers du deuxième degré, on peut utiliser les procédés suivants pour nettoyer et repeindre la boîte métallique.

Enlever la sangle, la patte d'attache et le disque en carton portant le viseur de rechange. Recouvrir les mains de gants en caoutchouc. Tremper les boîtes dans un bain de soude à 36° Baumé. Les laisser séjourner dans ce bain pendant une demi-heure environ. Si la peinture ne se sépare pas des parois de la boîte, c'est que la soude n'est plus assez efficace ; dans ce cas chauffer le bain à une température d'environ 60°. Laisser tremper les boîtes pendant une heure environ. Enlever ensuite les boîtes et les tremper dans l'eau courante. Enlever à la brosse en chiendent toute la peinture ancienne que la soude a décollée.

Laisser sécher les boîtes. — Les boîtes nettoyées, les dérouiller extérieurement et intérieurement au moyen de brosses métalliques de forme appropriée.

Les boîtes métalliques sont peintes avec de la peinture kaki mate, soit au pinceau, soit par trempage, soit au moyen d'un aérographe.

Sécher la peinture à l'air libre ou à l'étuve.

Coller ensuite l'étiquette à l'intérieur du couvercle ; fixer la sangle, la patte d'attache et disposer au fond de la boîte le disque en carton muni de sa pochette.

Nota. — A la suite des réparations qui viennent d'être indiquées (sauf les réparations à la boîte métallique) et s'il y a lieu, après les épreuves spéciales indiquées au chapitre précédent, éprouver les appareils réparés pendant cinq minutes au moins dans une atmosphère contenant du bromure de benzyle (1). Si un appareil n'est pas étanche, vérifier tout d'abord le bon ajustage du masque sur la figure, ensuite vérifier une par une les réparations effectuées.

---

(1) Seulement s'il s'agit d'appareils de mobilisation.

ARTICLE 89.

RÉPARATIONS DES MASQUES M2.

a. Refaire les coutures du masque.

Refaire à la machine la nouvelle couture à la place de l'ancienne après avoir enlevé les anciens fils.

b. Remplacer le loup.

A. Enlèvement du loup défectueux.

1° Retirer les fixe-vitres et les viseurs.

2° Dégager le pare-pluie de la poche mentonnière.

3° A hauteur du crochet d'attache du serre-nuque, découdre la poche mentonnière de façon à séparer la poche mentonnière intérieure de la poche mentonnière extérieure, ne découdre que la partie arrière, c'est-à-dire la portion comprise entre les deux points de fixation du système d'attache.

4° Sortir la poche mentonnière intérieure de la poche mentonnière extérieure et la rabattre vers le haut en découdant le tout.

5° Le loup en caoutchouc étant dégagé, découdre le loup.

Précautions à prendre avant de procéder à la remise en place du loup de remplacement.

1° Avoir soin d'enlever tous les anciens fils.

2° Avant de placer le loup en caoutchouc s'assurer que le loup en toile sur lequel il doit reposer n'est pas détérioré et ne fait pas de pli.

3° Si la gaze recèle des traces de caoutchouc décomposé, la nettoyer à la benzine.

B. Pose et couture du loup de remplacement.

1° Le masque étant posé sur une table, prendre le loup de remplacement, le placer bien à plat sur le loup en toile, le faufiler sur la poche mentonnière extérieure, l'ajuster sur le loup en toile, coudre l'ensemble à la machine (partie avant de l'ensemble).

2° Terminer en faisant en sens inverse les opérations 1°, 2°, 3° et 4° de A.

C. Remplacer le pare-pluie.

Enlever les fixe-vitres et les viseurs. Découdre le système d'attache et le pare-pluie au sommet du masque et à son point d'attache. Enlever les anciens fils. Recoudre un nouveau pare-pluie. Effectuer les opérations inverses du démontage.

ARTICLE 70.

RÉPARATIONS DES APPAREILS TISSOT.

---

a. *Remplacer le masque en caoutchouc.*

Enlever l'écarteur. Défaire les ligatures du masque sur les tubes d'œillères et sur le tube de sortie d'air.

Desserrer les griffes des fixe-vitres en prenant soin de ne pas les casser. Enlever avec précaution les vitres des œillères ainsi que les bagues. Nettoyer les tubes d'œillères et le tube de sortie d'air à la benzine de façon à enlever la colle Michelin qui y adhère.

Prendre un masque en bon état, retourner les extrémités des tuyaux d'œillères et du tuyau de sortie d'air. Nettoyer le caoutchouc avec de la benzine pour enlever le talc et les impuretés qui adhèrent au caoutchouc.

Enduire les tubes d'œillères et le tube de sortie d'air de colle Michelin. Introduire les bagues dans les tuyaux d'œillères, de façon que leur partie supérieure s'arrête au niveau de l'orifice des tuyaux d'œillères.

Introduire les tubes d'œillères dans les tuyaux de façon qu'ils viennent en contact avec les bagues sans les faire remonter.

Placer ensuite le tube de sortie d'air dans le tuyau du masque en l'enfonçant d'un centimètre et demie environ.

Faire pression sur les tuyaux d'œillères et sur celui de sortie de façon à bien appliquer le caoutchouc sur le métal. Faire ensuite les ligatures. Savoir : une sur chaque tube de l'œillère, une sur chaque bague d'œillère, et deux distantes de 1 centimètre environ sur le tube de sortie d'air. Les ligatures sont faites avec du fil d'acier spécial.

Chaque ligature comporte deux tours de fil placés côte à côte ; l'arrêter par torsion, après avoir tiré très fortement sur le fil, couper le fil et le rabattre avec soin sur le tuyau de caoutchouc parallèlement à la ligature de manière à éviter une perforation du tuyau.

[illegible]

[illegible] de longueur. Nettoyer ces bandes à la benzine et enduire de dissolution, ainsi que les [illegible] laisser sécher [illegible]

[illegible]

donne sa forme tout en le dilatant un peu, ce qui permet de mieux l'adapter au bout de tuyau qui reste. Nettoyer le caoutchouc à la benzine pour enlever le talc et les impuretés. Laisser sécher.

Retourner la partie du tuyau qui reste fixée au masque vers l'intérieur de ce dernier, et la nettoyer à la benzine. Enduire de dissolution de caoutchouc cette partie du tuyau et le bout de tuyau neuf qui doit y pénétrer. Laisser sécher. Remettre le tuyau d'œillère dans sa position normale. Introduire par le trou d'œillère le moule recouvert du tuyau en caoutchouc, l'enfoncer jusqu'à ce qu'il ne dépasse plus que de 5 à 6 millimètres dans l'intérieur du masque.

Presser sur le tuyau d'œillère pour bien adapter les deux parties en caoutchouc. S'assurer que le tuyau d'œillère est bien collé sur toute sa longueur (pour cela calculer les longueurs à enduire de colle). Couper en quatre avec des ciseaux le petit bout du tuyau dépassant à l'intérieur du masque, de manière à former un trèfle à quatre feuilles. Coller ces quatre pans contre le masque sur le bord du trou d'œillère avec de la dissolution.

Si, après que le tuyau d'œillère a été coupé, le bout restant près de l'œillère est court, tout en ayant plus de 5 millimètres de longueur il est utile de renforcer la réparation avec une bague en caoutchouc. A cet effet, couper 2 centimètres environ de tuyau. Introduire cette bague sur le tuyau d'œillère de façon que son milieu soit bien au point de jonction, retourner une moitié de cette bague, l'enduire de dissolution et la coller, en faire de même pour l'autre moitié. Les deux opérations doivent être faites après s'être assuré que la première est bien réussie. Vérifier l'adhérence de la bague en caoutchouc.

Retirer le moule en bois. Dans toutes ces opérations éviter de mettre de la dissolution sur le masque. Effectuer les ligatures comme il a été dit au paragraphe *a* (*Remplacer le masque en caoutchouc*).

Mettre en place les [illegible] et les vitres.

f. Réparer une déchirure du masque.

(Voir ci-dessus, *a*.)

g. Refaire les soudures de la tubulure multiple.

Ressouder et peindre le point de contact du tube d'arrivée d'air et du tube de sortie d'air.

h. Redresser le tube.

Redresser le tube à l'aide d'un mandrin. Repeindre [illegible] [illegible]

i. *Remplacer la soupape d'expiration.*

Dévisser le chapeau couvre-soupape. Faire les répara[illegible]ons que nécessite la soupape (ressouder la charnière, res[illegible]uder le chaînon, remplacer la goupille, le clapet, visser à [illegible] le chapeau contre la soupape d'expiration). La sou[illegible]ape doit être montée de telle sorte que, après bloquage complet de la pièce, le milieu de la charnière soit exacte[illegible]ent dans le plan médian du tube coudé et du côté de [illegible]entretoise.

j. *Remplacer le tuyau souple.*

[illegible] les ligatures. Nettoyer le raccord coudé et le [illegible] droit avec de la benzine pour enlever la colle Michelin qui y adhère. Dérouiller et repeindre les raccords s'il y a lieu. Enduire les raccords de colle Michelin. Prendre un tuyau en bon état et l'assembler aux deux raccords.

Fixer solidement le tuyau au raccord coudé au moyen de trois ligatures, au raccord droit au moyen de deux liga[illegible] [illegible] du même fil spécial que pour les ligatures [illegible] serrer à fond et faire [illegible] masque. Faire quatre tours de fil, [illegible] torsion, refaire la deuxième ligature à 1 centimètre [illegible] la première sans couper le fil. Une des extrémités du [illegible] est enroulée autour du tuyau, l'autre passe sous la liga[illegible] pour venir se tordre avec la première. Faire les deux [illegible] trois ligatures de la même façon, arrêter les ligatures [illegible] une torsion des deux fils. Éviter que les fils d'une [illegible] ligature soient les uns sur les autres. Recouvrir les ligatures de vernis au copal.

k. *Remplacer le raccord coudé et le raccord droit.*

Remplacer le raccord coudé ou le raccord droit s'ils sont rouillés, percés ou en mauvais état ; dans le raccord coudé récupérer si possible la soupape d'inspiration et l'écrou femelle à huit pans.

Pour le mode de fixation au tuyau souple, voir *j*.

l. *Refaire les ligatures du tuyau.*

(Voir : *j*.)

m. *Remplacer la soupape d'inspiration.*

La soupape d'inspiration est montée sur une bague-siège, [illegible] par frottement dans le raccord coudé du tuyau.

ARTICLE 71.

RÉPARATIONS DES APPAREILS DRAEGER.

a. *Remplacer l'embouchure en caoutchouc.*

Enlever la bague en caoutchouc, puis couper la ligature. Retirer ensuite l'embouchure en caoutchouc. Nettoyer le bec courbé à la benzine pour enlever la colle qui y adhère. Laisser sécher, et enduire de colle Michelin le bec courbé. Placer la nouvelle embouchure et la fixer ensuite solidement au moyen d'une ligature en fil de lin. Recouvrir cette ligature d'une bague en caoutchouc, puis placer le bouchon. Laisser sécher et désinfecter ensuite. Protéger l'embouchure avec du papier (plomber, si possible).

b. *Remplacer le tube flexible en caoutchouc.*

Enlever les ligatures. Nettoyer le bec courbé et le raccord inférieur avec de la benzine pour enlever la colle qui y adhère. Enduire les raccords de colle Michelin. Placer un tube en bon état, le fixer solidement aux deux raccords au moyen de ligatures en fil de lin comportant chacune plusieurs tours de fil; recouvrir chaque ligature d'une bague en caoutchouc.

c. *Réparer le sac respiratoire.*

(Voir chapitre II, art. 33, *c.*)

Coller une pièce en tissu caoutchouté (enveloppe en tissu caoutchouté) lorsque la surface extérieure du sac est déchirée ou coupée. Vérifier l'étanchéité, si la surface intérieure (sac en caoutchouc) est détériorée le sac est à remplacer.

d. *Remplacer le sac respiratoire.*

Vérifier l'étanchéité du sac. (Voir ci-dessus, chapitre II, art. 33, *e.*) Voir si le raccord femelle est bien muni de son joint en cuir. Visser ensuite à fond l'écrou à oreilles, sur le raccord à trois branches.

e. *Ressouder la cartouche.*

Opérer comme pour le bidon filtreur Tissot. (Voir plus haut, réparations des appareils Tissot.)

Nota. — Les bouteilles à oxygène à recharger sont envoyées à l'Entrepôt de réserve générale de matériel d'Aubervilliers à moins que le parc d'artillerie régional chargé des réparations du deuxième degré ne possède l'outillage nécessaire à cette opération.

ARTICLE 72.

RÉPARATIONS DES APPAREILS FENZY P. M.

a. *Remplacer l'embouchure en caoutchouc.*

(Voir appareil Draeger, *a.*)

b. *Remplacer le tube souple.*

(Voir appareil Draeger, *b.*)

c. *Réparer le sac respiratoire.*

(Voir appareil Draeger, *c.*)

d. *Remplacer le sac respiratoire.*

(Voir appareil Draeger, *d.*)

e. *Refaire les filets d'une vis de serrage.*

Tarauder les filets, les graisser : graisser également le pas de vis de la lanterne.

f. *Remplacer une lanterne.*

Dévisser la vis-arrêtoir, remplacer la lanterne, remettre une vis-arrêtoir.

g. *Ressouder la cartouche.*

Opérer comme pour le bidon filtreur d'appareil Tissot. (Voir plus haut, réparations des appareils Tissot, *n.*)

ARTICLE 73.

RÉPARATIONS DES APPAREILS FENZY G. M.

(Appareil M. C. G. de longue durée.)

a, *Remplacer l'embouchure.*

(Voir appareil Draeger, *a.*)

b. *Remplacer une soupape.*

Enlever l'embouchure, dessouder le raccord de la partie sphérique de l'appareil buccal. Enlever la soupape en mauvais état et la remplacer. Ressouder le raccord de la partie sphérique.

c. *Remplacer un tube d'inspiration ou d'expiration.*

Dévisser l'écrou à oreilles du raccord coudé. Défaire les ligatures du tube souple sur le raccord coudé et sur le tube de l'appareil buccal. Nettoyer le raccord coudé et le tube de l'appareil buccal avec de la benzine pour enlever le caoutchouc qui y adhère. Prendre un tube souple en bon état, enduire les raccords de colle Michelin. Placer ce tube en caoutchouc sur les extrémités du raccord coudé et du tube de l'appareil buccal. Faire les ligatures avec du fil de lin. Chaque ligature comporte huit tours de fil. Faire deux ligatures espacées de 1 centimètre environ sur le tube de l'appareil buccal, une seulement sur le raccord coudé. Recouvrir ensuite chaque ligature d'une bague en caoutchouc. Visser l'écrou femelle à oreilles du raccord coudé.

d. *Remplacer l'appareil buccal.*

Retirer les bagues en caoutchouc qui recouvrent les ligatures, enlever les ligatures des tubes souples, changer l'appareil buccal, refaire les ligatures (voir ci-dessus, *c*).

e. *Remplacer un raccord coudé.*

(Voir plus haut, *c*.)

f. *Réparer le sac respiratoire.*

Séparer le sac de l'appareil en dévissant l'écrou à oreilles du tube reliant le sac à la cartouche. Défaire les ligatures du sac sur le tube d'inspiration et celle du raccord en caoutchouc du tube en laiton.

Effectuer les réparations comme pour l'appareil Draeger (voir plus haut, appareil Draeger, *c*). Remonter le sac en effectuant les ligatures.

g. *Remplacer le sac respiratoire.*

Remplacer le sac respiratoire, si la réparation est impossible. Pour les opérations de démontage et de remontage, voir ci-dessus, *f*.

h. *Remplacer le récipient à salive.*

Défaire les ligatures du tube en caoutchouc sur le raccord à deux branches du récipient à salive. Dégager les tuyaux, soulever le récipient à salive de façon à le dégager de sa patte de fixation et le retirer de l'appareil. Le remplacer, et refaire les opérations du démontage en sens inverse.

i. *Remplacer le raccord réducteur de pression.*

Dévisser l'écrou femelle du raccord. Défaire la ligature du tube en laiton et du raccord caoutchouté du sac respiratoire. Enlever le tube en laiton de la patte d'attache, dessouder le raccord du tube en laiton. Récupérer l'écrou s'il est en bon état.

Ressouder un nouveau raccord, et remettre le tube en laiton en place en exécutant les opérations en sens inverse.

j. *Ressouder une cartouche.*

Opérer comme pour le bidon filtreur d'appareil Tissot. (Voir plus haut, réparation des appareils Tissot, *n.*)

Réparer les détériorations constatées.

Réparer les détériorations constatées.

Nota. — Pour le rechargement des bouteilles à oxygène voir l'observation de l'article 71 *in fine.*

ARTICLE 74.

RÉPARATIONS DES PULVÉRISATEURS VERMOREL.

a. *Remplacer la bague en caoutchouc du couvercle.*

Enlever le couvercle du réservoir. Abaisser le levier de l'excentrique du côté opposé au dos d'âne de manière à bien dégager la bague en caoutchouc. Décoller cette dernière et la remplacer, en ayant soin de mettre la partie inférieure de la nouvelle bague à l'intérieur de la lèvre de la partie inférieure du couvercle.

b. *Remplacer une soupape.*

Démonter le corps de pompe en retirant l'arbre coudé, puis le disque en caoutchouc. Dévisser la vis porte-soupape d'aspiration et le bloc porte-soupape de refoulement à l'aide de la clef à griffes.

Remplacer la soupape défectueuse en dévissant les vis qui la retiennent. La remplacer en prenant soin de bien la suiffer. Remonter ensuite l'appareil. Essayer son fonctionnement en le remplissant d'eau ; après l'essai, égoutter l'appareil et le sécher.

c. *Roder le robinet.*

Démonter le robinet. Pour cela dévisser l'écrou de serrage, enlever la rondelle et la clef du robinet. Pour roder le robinet, tremper dans l'eau la clef et le fût du robinet Saupoudrer la clef de poudre d'émeri n° 000 et l'introduire dans le fût. Tourner de droite à gauche et inversement. Rincer ou nettoyer de temps en temps la clef et le fût. Pour que le rodage soit parfait, la clef et le fût doivent présenter un aspect analogue.

Toute rayure, toute partie brillante, décèlent un mauvais rodage.

Enduire avant l'emploi, le fût et le robinet de graisse d'armes.

d. *Remettre en état un pulvérisateur oxydé intérieurement.*

Les pulvérisateurs type Vermorel sont fréquemment oxydés intérieurement. Dès l'apparition des premières taches de rouille, il convient de les remettre en état ; à cet effet, opérer de la manière suivante.

1° *Dessouder le chapeau du réservoir.* — Promener le fer à souder chaud sur le pourtour du raccord du chapeau et du corps de réservoir jusqu'à ce que le chapeau s'en sépare.

2° *Démonter les éléments de la pompe :*

a. Démonter le chapeau de palier-support de l'arbre coudé ;

b. Démonter le chapeau de palier de la bielle en bronze ;

c. Démonter le support du disque en caoutchouc ;

d. Enlever la rondelle-soupape d'aspiration.

3° *Dérouiller l'appareil :*

a. Dérouiller extérieurement et intérieurement ;

b. Dérouiller le chapeau du réservoir.

Ces opérations comprennent deux phases :

A. Dégrossissage à la brosse métallique ;

B. Finissage à la toile émeri.

Il est nécessaire que le nettoyage soit complet et qu'il n'apparaisse plus de trace de rouille.

4° *Vernir intérieurement le corps et le chapeau du réservoir.* — Vernir au pinceau en employant le vernis incolore au copal.

5° *Ressouder le chapeau du réservoir :*

a. Enduire, au raccord, l'extérieur du corps et l'intérieur du chapeau de soudure étain-plomb au moyen du fer à souder ;

b. Assembler les deux pièces ;

c. Promener le fer à souder autour du raccord jusqu'à ce que la prise ait lieu ;

d. Terminer par la pose d'une couche étain-plomb autour du raccord.

6° *Peinture et marquage.* — Peindre extérieurement l'appareil en employant la peinture kaki.

Les pulvérisateurs réparés devront porter des marques indiquant la date de la réparation (jour, mois, année, par exemple : 17-8-22), et l'indication de l'établissement qui l'a effectuée, en lettres et en chiffres de 5 millimètres de hauteur environ.

Ces marques seront d'une même coloration et apposées sur le réservoir à la partie supérieure du côté qui s'applique sur le dos.

7° *Remonter la pompe.* — Procéder dans l'ordre inverse de celui qui est indiqué ci-dessus (2°).

8° *Essayer l'appareil* avec de l'eau pour en vérifier le fonctionnement.

9° *Sécher l'appareil.*

Remarque. — D'une façon générale, tous les masques et embouchures des appareils réparés (premier et deuxième degré) sont désinfectés.

Approuvé :

Paris, le 18 juin 1925.

Pour le Ministre de la Guerre et par son ordre :

Le Général Directeur de l'Artillerie,

Signé : Remond.

ANNEXES ET MODÈLES.

ANNEXE I.

DOTATION DES ATELIERS Z DU 1ER DEGRÉ.

1° MATIÈRES ET RECHANGES POUR RÉPARATIONS.

DÉSIGNATION.	UNITÉS.	PAR RÉGIMENT d'infanterie et parc d'artillerie.	PAR CORPS de troupe autre que ceux d'infanterie.
APPAREIL A. R. S.			
Vernis spécial pour tissu huilé	Litre.	2	1
Enduction pour tissu caoutchouté (n° 2)	Kilogr.	2	1
Branche en ruban élastique pour système d'attache (haut de la tête)	Nombre.	50	30
Branche en ruban élastique pour système d'attache (derrière la tête)	*Idem.*	50	30
Branche en ruban élastique reliant les deux précédentes	*Idem.*	50	30
Serre-nuque	*Idem.*	50	30
Agrafe de serre-nuque	*Idem.*	20	10
Boucle de réglage de serre-nuque	*Idem.*	20	10
Anneau d'attache de serre-nuque	*Idem.*	20	10
Ruban de suspension pour position d'attente	*Idem.*	50	30
Viseur (viseur armé pour l'artillerie)	*Idem.*	200	120
Fixe-vitres	*Idem.*	50	30
Rondelle en caoutchouc de l'écrou fileté en laiton	*Idem.*	100	60
Rondelle en caoutchouc du raccord femelle fileté porte-cartouche	*Idem.*	50	30
Protège-soupape	*Idem.*	100	60
Cartouche	*Idem.*	50	30
Sangle de la boîte métallique	*Idem.*	400	250
Patte d'attache de la boîte métallique	*Idem.*	300	120
Boîte métallique	*Idem.*	50	30
Passant de la boîte métallique	*Idem.*	100	60
Poussoir de la boîte métallique	*Idem.*	50	30
Rivets pour passants et charnières	*Idem.*	500	300
Charnière de la boîte métallique	*Idem.*	50	30
Disque en carton avec l'enveloppe pour viseur de rechange	*Idem.*	50	30
Ruban de serrage de la bonnette	Mètre.	25	10
Œillet de bonnette	Nombre.	50	30
Molleton de la bonnette	*Idem.*	50	30
Grand couvercle en carton pour cartouche de rechange	*Idem.*	50	30
Petit couvercle en carton pour cartouche de rechange	*Idem.*	50	30
Élastique pour couvercle de cartouche de rechange	*Idem.*	50	30

DÉSIGNATION.	UNITÉS.	PAR RÉGIMENT d'infanterie et parc d'artillerie.	PAR CORPS de troupe autre que ceux d'infanterie.
MASQUE M2.			
Branche en ruban élastique pour système d'attache (haut de la tête)...	Nombre.	50	30
Branche en ruban élastique pour système d'attache (derrière la tête)...	*Idem.*	50	30
Branche en ruban élastique reliant les deux précédentes	*Idem.*	50	30
Serre-nuque............................	*Idem.*	50	30
Agrafe de serre-nuque..................	*Idem.*	20	10
Boucle de réglage	*Idem.*	20	10
Anneau d'attache de serre-nuque.....	*Idem.*	20	10
Ruban de la position d'attente.........	*Idem.*	50	30
Viseur.,..............................	*Idem.*	200	120
Fixe-vitres	*Idem.*	100	60
Cordeau pour étuis métalliques......	Mètre.	200	120
Étui métallique........................	Nombre.	50	30
Passant pour étui métallique.........	*Idem.*	150	100
Pochette en tissu imperméable.......	*Idem.*	50	30
Ruban de la pochette	*Idem.*	100	60
Bouton de la pochette.................	*Idem.*	500	250
Épingle de sûreté.....................	*Idem.*	500	250

DÉSIGNATION.	UNITÉS.	PAR CORPS de troupe et parc d'artillerie.
APPAREIL TISSOT P. M.		
Bouchon d'orifice d'entrée d'air.................	Nombre.	4
Bouchon d'obturation du tuyau	*Idem.*	4
Bouchon d'obturation d'œillère.................	*Idem.*	6
Bouchon de vidange..............................	*Idem.*	4
Ficelle de bouchon................................	Mètre.	20
Cordelette d'attache	Nombre.	6
Cordelette de suspension.........................	*Idem.*	4
Écarteur...	*Idem.*	2
Protège-soupape en caoutchouc..................	*Idem.*	6
Rondelle en caoutchouc du raccord-canette......	*Idem.*	4
Rondelle en caoutchouc du raccord coudé.......	*Idem.*	4
Disque en carton paraffiné pour obturer l'orifice supérieur du bidon filtreur..............	*Idem.*	20
Vitre en verre	*Idem.*	10
Fixe-vitres...	*Idem.*	4
Nécessaire de réparation pour caoutchouc.......	*Idem.*	2
Sangle de fixation de la cartouche additionnelle..	*Idem.*	4
Masque monté	*Idem.*	2
Tuyau souple monté..............................	*Idem.*	2

DÉSIGNATION.	UNITÉS.	PAR CORPS de troupe et parc d'artillerie.
Appareil Draeger [1].		
Bouteille à oxygène de 0l 300	Nombre.	20
Clef de démontage et remontage de l'appareil	*Idem.*	2
Lacet pour clef et pince-narines	Mètre.	5
Pince-narines à ressort	Nombre.	2
Capuchon en caoutchouc de pince-narines	*Idem.*	2
Tube flexible complet comprenant : embouchure caoutchouc, bec courbé en laiton nickelé, raccord inférieur avec écrou à oreilles	*Idem.*	2 2
Bouchon en caoutchouc (embouchure)	*Idem.*	2
Cartouche de soude chargée	*Idem.*	2
Sangles de suspension complète	*Idem.*	2
Ceinture	*Idem.*	2
Mousqueton pour la sangle de suspension	*Idem.*	4
Bouton à pression de l'enveloppe	*Idem.*	4
Fil métallique de lunettes	Mètre.	2
Brides d'attache de lunettes	*Idem.*	4
Appareil Fenzy P. M. [2].		
Pince-narines	Nombre.	2
Capuchon en caoutchouc de pince-narines	*Idem.*	2
Tube souple avec embouchure et raccord	*Idem.*	2
Bouchon en caoutchouc d'embouchure	*Idem.*	2
Joint en caoutchouc de lanterne	*Idem.*	4
Perforateur	*Idem.*	4
Cartouche d'oxylithe chargée	*Idem.*	3
Courroie de suspension	*Idem.*	2
Boucle à ardillon	*Idem.*	2
Cordeau de la boîte métallique	*Idem.*	4
Capsule Sparklet chargée	*Idem.*	100
Appareil Fenzy G. M. (Seulement pour les corps dotés de cet appareil.)		
Bouchon en caoutchouc (embouchure)	Nombre.	2
Chapeau d'obturation	*Idem.*	2
Chaînette de chapeau	*Idem.*	4
Chapeau du trou de vidange	*Idem.*	2
Chaînette du chapeau du trou de vidange	*Idem.*	2
Cartouche d'oxylithe chargée	*Idem.*	4
Ceinture	*Idem.*	4
Bretelles (paire de)	*Idem.*	4

(1) Certains éléments que les corps de troupe peuvent remplacer, ne figurent pas dans ce tableau, ils seront demandés, le cas échéant, aux parcs d'artillerie régionaux.

(2) Seulement dans les unités de sapeurs-mineurs et de sapeurs de chemin de fer.

DÉSIGNATION.	UNITÉS.	PAR CORPS de troupe et parc d'artillerie.
PULVÉRISATEURS VERMOREL (1).		
Écrou à 6 pans de l'arbre coudé	Nombre.	3
Goupille de l'arbre coudé	*Idem.*	4
Bouchon de vidange	*Idem.*	2
Bretelle cuir avec bouton et crochet (paires)	*Idem.*	4
Clef-tournevis en acier	*Idem.*	1
Couvercle de remplissage	*Idem.*	2
Embout Besnard	*Idem.*	2
Couvercle d'embout	*Idem.*	2
Grille de remplissage (passoire)	*Idem.*	2
Rondelles cuir assorties pour joint de la lance	*Idem.*	6
Tuyau en caoutchouc	*Idem.*	2
MASQUE DECAUX POUR CHEVAUX (2).		
Ruban d'attache complet	Nombre.	8
Boucle de réglage du ruban d'attache	*Idem.*	8
Crochet plat du ruban d'attache	*Idem.*	8
Bande élastique	*Idem.*	10
Crochet pour bande élastique	*Idem.*	6
Anneau de bande élastique	*Idem.*	4
Crochet mobile de fixation du mors	*Idem.*	6
Carcasse métallique avec bande frontale	*Idem.*	2
Ruban d'obturation	*Idem.*	10

(1) Certains éléments, que les corps peuvent remplacer, ne figurent pas dans ce tableau; ils seront demandés, le cas échéant, aux parcs d'artillerie régionaux.

(2) Seulement dans les régiments qui ont des chevaux et dans les parcs d'artillerie.

2° OUTILLAGE.

Clefs spéciales pour démontage de l'embase de l'A. R. S.

FERBLANTERIE.

Étau, marteaux, tenailles, pinces rondes, pinces plates, fer à souder, marteaux et maillets de chaudronnier, mandrins divers en fer et en bois, limes plates, limes rondes.

MENUISERIE.

Marteaux, scie, tenailles, mètres, tournevis, vilebrequins.

PEINTURE.

Pinceaux.

COUTURE.

Accessoires pour coudre (ciseaux, dés, aiguilles, mètre).

NETTOYAGE DES APPAREILS.

Brosses, cuves à eau, brosses métalliques.

INGRÉDIENTS.

Cartouches de trioxyméthylène, tétrachlorure de carbone, formol, essence, pétrole, graisse d'armes, toile émeri, peinture (kaki, noire), pointes, soudures, fil, paraffine, suif, cire, dissolution de caoutchouc, talc, encre à marquer.

ANNEXE III

[illegible]

[illegible]

DÉSIGNATION	[illegible]	NOMBRE	[illegible]
[illegible]	[illegible]	[illegible]	[illegible]

DÉSIGNATION	UNITÉ	NOMBRE	[illegible]
[illegible]	[illegible]	[illegible]	
Œillet de bonnette	Idem	250	
Cordon de serrage de la bonnette	Idem	250	
[illegible]	[illegible]	[illegible]	

DÉSIGNATION.	UNITÉS.	NOMBRE.	OBSERVATIONS.
Tuyau en caoutchouc pour réparation de tube d'œillère.	Mètres.	250	
Bague de tube d'œillère (en métal).	Nombre.	100	
Bouchon d'orifice d'entrée d'air.	*Idem.*	500	
Bouchon d'obturation du tuyau de vidange.	*Idem.*	500	
Bouchon d'obturation d'œillère.	*Idem.*	500	
Cordelettes d'attache	*Idem.*	200	
Cordelettes de suspension	*Idem.*	200	
Fil spécial pour ligature du masque (acier recuit de 4/10e à 6/10e de m/m de diamètre)	Kilogr.	200	A acheter sur place.
Fil spécial pour ligature du tuyau (acier recuit de 4/10e à 6/10e de m/m de diamètre)	*Idem.*	200	*Idem.*
Ficelle de bouchon	Mètres.	200	*Idem.*
Raccord coudé du tuyau	Nombre.	200	
Raccord droit du tuyau	*Idem.*	200	
Rondelle en caoutchouc du raccord coudé	*Idem.*	200	
Rondelle en caoutchouc du raccord canette	*Idem.*	100	
Rondelle en caoutchouc joint de la cartouche additionnelle.	*Idem.*	100	
Rondelle en caoutchouc pleine	*Idem.*	500	
Disque en carton paraffiné pour obturer l'orifice supérieur du bidon filtreur.	*Idem.*	500	
Tubulure multiple avec soupape d'expiration.	*Idem.*	100	
Écarteur	*Idem.*	500	
Protège-soupape en caoutchouc	*Idem.*	500	
Bague à oreilles du ressort canette	*Idem.*	100	
Ressort canette	*Idem.*	200	
Bidon filtreur chargé	*Idem.*	150	
Boucle du bidon filtreur	*Idem.*	200	A confectionner sur place.
Chape du bidon filtreur	*Idem.*	200	*Idem.*
Cartouche additionnelle	*Idem.*	200	
Sangle de fixation de la cartouche additionnelle.	*Idem.*	400	
Système d'attache pour masque en tissu.	*Idem.*	100	
Serre-nuque pour masque en tissu	*Idem.*	100	
Vitre en verre	*Idem.*	500	
Fixe-vitres	*Idem.*	400	
Nécessaire de réparation	*Idem.*	200	
Tube de dissolution	*Idem.*	100	
Pastille en caoutchouc pour nécessaire de réparation.	*Idem.*	100	A acheter sur place.
Caisse vide	*Idem.*	100	
Sangle en 2 pièces pour caisse	*Idem.*	200	
Boucle à ardillon pour caisse	*Idem.*	200	A acheter sur place.
Équerre pour caisse	*Idem.*	100	
Charnière pour caisse	*Idem.*	100	
Moraillon complet pour caisse	*Idem.*	100	
Tourniquet pour moraillons	*Idem.*	100	

DÉSIGNATION.	UNITÉS.	NOMBRE.	OBSERVATIONS.
Barrette servant à maintenir la vitre de rechange.	Nombre.	50	
Tissu pour sangles de la caisse......	Mètres.	2,000	
Soupape d'inspiration du tuyau	Nombre.	25	
Soupape d'expiration..............	*Idem.*	25	
APPAREIL DRAEGER.			
Bouteille d'oxygène de $0^l 300$.......	Nombre.	300	
Capuchon métallique pour bouteilles à oxygène.	*Idem.*	300	
Clef de démontage et remontage....	*Idem.*	50	
Pince-narines à ressort............	*Idem.*	50	
Lacet pour clef et pince-narines....	Mètres.	50	
Capuchon en caoutchouc de pince-narines.	Nombre.	200	
Tube flexible { complet............	*Idem.*	50	
Tube flexible { seul...............	*Idem.*	50	
Bague caoutchouc couvre-ligature...	*Idem.*	100	
Bouchon d'embouchure en caoutchouc	*Idem.*	100	
Cartouche de soude chargée........	*Idem.*	150	
Bouchon de régule pour cartouche..	*Idem.*	300	
Disque en caoutchouc pour bouchon de régule.	*Idem.*	300	À acheter sur place.
Sac respiratoire en toile caoutchoutée.	*Idem.*	40	
Enveloppe en toile................	*Idem.*	40	
Sangles de suspension............	*Idem.*	40	
Ceinture.........................	*Idem.*	40	
Double-pince complète............	*Idem.*	40	
Branche mobile de la double pince.	*Idem.*	40	
Boulon de la double-pince avec écrou à oreilles.	*Idem.*	40	
Contre-plaques..................	*Idem.*	40	
Vis de fixation de contre plaque....	*Idem.*	100	
Rondelle.... { de vis de fixation...	*Idem.*	100	
Rondelle.... { de boulon de la double-pince.	*Idem.*	40	
Joint en cuir. { de raccord sur cartouche.	*Idem.*	50	
Joint en cuir. { de raccord sur sac respiratoire.	*Idem.*	50	
Joint en fibre sur T à 3 branches...	*Idem.*	50	
Joint en fibre sur raccord double-mâle.	*Idem.*	50	
Raccord à 3 branches.............	*Idem.*	20	
Raccord de tuyau à la cartouche avec écrou à oreilles.	*Idem.*	20	
Tube olive avec écrou et garniture libre.	*Idem.*	20	
Bec courbé en laiton nickelé........	*Idem.*	20	
Lunettes (paire de)...............	*Idem.*	50	
Pochette pour lunettes............	*Idem.*	50	
Bouton pression { gros.............	*Idem.*	"	À acheter sur place.
Bouton pression { petits............	*Idem.*	"	*Idem.*

DÉSIGNATION.	UNITÉS.	NOMBRE.	OBSERVATIONS.
Rivets gros pour enveloppe	Nombre.	»	À acheter sur place.
Agrafe avec rivets pour enveloppe	*Idem.*	50	*Idem.*
Œillet pour agrafe	*Idem.*	[illegible]	*Idem.*
Mousqueton pour sangle de suspension	*Idem.*	[illegible]	*Idem.*
Boucle de réglage	*Idem.*	[illegible]	*Idem.*
Pastille en tissu caoutchouté pour réparations	*Idem.*	[illegible]	*Idem.*
Tissu croisé pour ceinture et sangle de suspension	Mètres	200	*Idem.*
Fil métallique pour lunettes	*Idem.*	20	*Idem.*
Bride d'attache de lunette	*Idem.*	10	*Idem.*
APPAREIL FERNEZ P. M.			
Embouchure (caoutchouc)	Nombre.	10	
Bouchons en caoutchouc	*Idem.*	10	
Pince-narines	*Idem.*	10	
Capuchon en caoutchouc pour pince-narines	*Idem.*	20	
Sac respiratoire	*Idem.*	2	
Tube souple — avec embouchure et raccord	*Idem.*	10	
Tube souple — seul	*Idem.*	10	
Bague couvre-ligature	*Idem.*	20	
Cartouche d'oxylithe chargée	*Idem.*	10	
Courroie de suspension	*Idem.*	2	
Ceinture	*Idem.*	2	
Boîte métallique	*Idem.*	2	
Cordeau de la boîte métallique	*Idem.*	10	
Joint — en caoutchouc de lanterne	*Idem.*	2	
Joint — en cuir de raccord	*Idem.*	10	
Vis de serrage de lanterne	*Idem.*	2	
Capsule Sparklet chargée	*Idem.*	150	
Perforateur	*Idem.*	10	
Raccord du tube souple — droit avec écrou à oreilles	*Idem.*	2	
Raccord du tube souple — coudé	*Idem.*	[illegible]	
Lunettes (paire de)	*Idem.*	10	
Sachet pour lunettes	*Idem.*	10	
Boucle à ardillon	*Idem.*	10	À acheter sur place.
APPAREIL FERNEZ G. M.			
Bouteilles à oxygène de [illegible]	Nombre.	10	
Appareil buccal à soupape sans tubes souples	*Idem.*	5	
Embouchure	*Idem.*	10	
Tube souple	*Idem.*	10	
Sac respiratoire	*Idem.*	5	
Cartouche d'oxylithe chargée	*Idem.*	10	

DÉSIGNATION		UNITÉS	NOMBRE	OBSERVATIONS
Raccords	coudés mâles du tuyau souple	Nombre	5	
	réducteur de pression	Idem	5	
	d'embouchure	Idem	10	
Tuyaux	[illegible] avec chaînette	Idem	5	
	de vidange du récipient à salive avec chaînette	Idem	5	
[illegible]		Idem	5	
[illegible] (paire de)		Idem	2	
Récipient à salive		Idem	5	
Rondelle en caoutchouc du récipient à salive		Idem	5	
Lunettes (paire de)		Idem	10	
Boîte en fer blanc pour lunettes pneumatiques (ou sachet pour lunettes en molleton)		Idem	10	
PULVÉRISATEUR VERMOREL				
Arbre coudé en acier		Nombre	5	
Écrou à 6 pans de l'arbre coudé		Idem	50	
Goupille de l'arbre coudé		Idem	50	Achat sur place
Bouchon du trou d'air et de vidange		Idem	100	
Paires de bretelles (cuir) avec boutons et crochets		Idem	20	
Clef tournevis en acier		Idem	20	
Balancier de la pompe en fer		Idem	20	
Couvercle ou bouchon de remplissage		Idem	100	
Bague en caoutchouc pour serrage du couvercle		Idem	200	
Grille (ou passoire) pour le remplissage		Idem	100	
Raccord	mâle du jet	Idem	20	
	femelle du jet de la lance	Idem	20	
	mâle à oreilles	Idem	20	
	intermédiaire de la lance	Idem	20	
Disque en caoutchouc		Idem	20	
Rondelle souple en caoutchouc		Idem	20	
Tuyau en caoutchouc		Idem	100	
Lance complète		Idem	10	
Grille filtre de lance		Idem	20	
[illegible] de lance		Idem	20	
[illegible] poignée		Idem	20	
Rondelle [illegible] pour joint de la lance		Idem	100	
[illegible] Besnard		Idem	50	
Couvercle d'embout Besnard (coudé)		Idem	20	
Jet droit [illegible]		Idem	50	
[illegible] (pour jet droit)		Idem	20	
[illegible] de lance		Idem	20	

DÉSIGNATION.	UNITÉS.	NOMBRE.	OBSERVATIONS.
MASQUES DECAUX POUR CHEVAUX.			
Ruban d'attache complet..........	Nombre.	100	
Boucle de réglage du ruban d'attache.	*Idem.*	100	
Crochet plat du ruban d'attache....	*Idem.*	100	
Bande élastique..................	*Idem.*	100	
Crochet pour bande élastique......	*Idem.*	100	
Crochet mobile de fixation de mors.	*Idem.*	50	
Ruban d'obturation...............	*Idem.*	100	
Pochette pour masque.............	*Idem.*	10	
Tissu élastique..................	Mètres.	500	
Chapeau du ruban d'attache........	Nombre.	100	
Élastique de sous-gorge avec D.....	*Idem.*	100	
D pour élastique de sous-gorge.....	*Idem.*	100	
Agrafe de sous-gorge..............	*Idem.*	100	
Pare-pluie avec élastique de sous-gorge et agrafe.	*Idem.*	100	
DIVERS.			
Poires pour détecteurs L. D........	Nombre.	5	
Flacon pour détecteurs L. D........	*Idem.*	5	
Ampoule de bromure de benzyle....	*Idem.*	500	

2° OUTILLAGE.

Comme pour un atelier Z du 1er degré avec en plus :

1 appareil à sertir les fixe vitres.

1 appareil à sertir la ventouse du système anti-buée.

1 pince spéciale pour démontage de la soupape d'inspiration du tuyau en caoutchouc de l'appareil Tissot.

1 jeu d'appareils TO-PT-GT pour remplacement du loup en caoutchouc du masque A. R. S.

1 manomètre pour la vérification des bouteilles d'oxygène.

1 caisse spéciale pour 5.000 soupapes d'expiration d'A. R. S.

FERBLANTERIE.

1 jeu complet d'outils à soudure.

1 réchaud à ferblantier.

1 polissoir.

MENUISERIE.

Atelier de menuiserie de l'Établissement.

PEINTURE.

1 aérographe (si l'Établissement possède un compresseur).

1 étuve de séchage.

COUTURE ET LIGATURE.

2 machines à coudre (type Singer n° 16 K 115).
1 jeu de formes pour chaque taille de masque.

NETTOYAGE DES APPAREILS.

1 jeu de brosses métalliques pour le dérouillage des boîtes métalliques.
Lessive de soude à 36° Baumé.
Gants en caoutchouc.

APPAREILS POUR LES ÉPREUVES SPÉCIALES DE VÉRIFICATION.

Appareil pour la vérification de l'étanchéité de la soupape d'expiration d'A.R.S.
Appareil pour la vérification de l'étanchéité de la cuvette avant d'A.R.S.
Appareil pour la vérification de l'étanchéité du corps de la cartouche d'A.R.S.
Appareil pour la mesure de la résistance de la cartouche à la respiration.
Appareil pour la vérification de l'étanchéité de la cuvette arrière d'A.R.S.
Appareil pour la vérification de l'étanchéité de l'appareil Tissot (bidon filtreur et tuyau).
Appareil pour la vérification de l'étanchéité de l'appareil Tissot (protège-soupape).
Pompe à bicyclette avec raccord.
3 clefs pour démonter les embases d'appareil A.R.S.
3 manomètres à deux contacts électriques de rechange.
2 manomètres à branche inclinée de rechange.
10 calottes en caoutchouc de rechange.
2 pipettes.
2 flacons de rechange munis de tubes.
2 tubes de rechange pour flacon.
1 litre d'eau acidulée.
1 litre d'eau teintée.
3 mètres de tuyau en caoutchouc.
1 transformateur Ferrix.
8 prises de courant.
50 mètres de fil électrique.
10 petites lampes électriques de rechange.
8 tables 800 × 120.
8 chaises.

DOCUMENTS.

Tables de construction des appareils de protection.
1 exemplaire de la présente instruction.

---

(1) Les monomètres à deux contacts électriques détériorés doivent être envoyés à l'Entrepôt de réserve générale de matériel d'Aubervilliers, chargé de les remettre en état.

Ils doivent être munis de tous leurs éléments (bornes, colliers, pointes en platine, etc).

ANNEXE B

LISTE

[illegible]DÉSIGNATION des appareils	PIÈCES RÉCUPÉRABLES	OBSERVATIONS
Appareil A.R.S. (Suite.)	Sangle de la boîte métallique	En bon état
	Patte d'attache de la boîte métallique	*Idem*
	Poussoir de la boîte métallique	Non cassé
	Bonnette à lacet	Bon état
	Bonnette à [illegible]papillon	*Idem*
	Bonnette pare-pluie	*Idem*
	Pochette pour cartouche de rechange	Bon état, souple
	Couvercle en carton paraffiné	Bon état
	Bouton de la pochette	*Idem*
[illegible]asque M2	Épingle de réglage du ruban médian	Non rouillée
	Viseurs	Non rayés, non percés, clairs
	Fixe-vitres	Non rouillé
	[illegible] position d'a[illegible]	En bon état
	Serre-nuque [illegible]	Bonne élasticité
	Agrafe de serre-nuque	Non rouillée
	Anneau de serre-nuque	Non rouillé
	Boucle de réglage de serre-nuque	Non rouillée
	Système d'attache	En bon état
	Pochette imperméable	Propre, en bon état
	Bouton de la pochette	En bon état
	Ruban de la pochette	*Idem*
	Viseur de rechange	Voir viseurs
	Étui métallique	Non percé
	Couvercle de l'étui	*Idem*
	Cordeau de l'étui métallique	En bon état
Appareil [illegible]	MASQUE EN CAOUTCHOUC	
	Viseurs (vitres en verre)	En bon état
	Fixe-vitres	Non rouillé
	Écarteur [illegible]	En bon état [illegible] caoutchouc
	Protège-soupape	En bon état, étanche
	Bague d'œillère	En bon état
	Tubulure multiple complète	*Idem*
	Couvercle du raccord [illegible]	*Idem*
	Bouchon [illegible] d'œillère	*Idem*
	Ficelle d'attache de bouchon	*Idem*
	MASQUE [illegible] CAOUTCHOUC	
	Mêmes récupérables que le masque en caoutchouc avec en plus	
	Système d'attache	Bonne élasticité
	Serre-nuque	*Idem*

DÉSIGNATION des APPAREILS.	PIÈCES RÉCUPÉRABLES.	OBSERVATIONS.
Appareil Tissot P. M. (Suite.)	Agrafe de serre-nuque..........	Non rouillée.
	Anneau de serre-nuque..........	Non rouillé.
	Boucle de réglage de serre-nuque.	Non rouillée.
	TUYAU SOUPLE.	
	Tuyau souple..............	Étanche.
	Raccord coudé du tuyau....	Bon état.
	Soupape d'inspiration.......	*Idem.*
	Écrou du raccord coudé	*Idem.*
	Raccord droit du tuyau.....	*Idem.*
	Bouchon et ficelle du raccord droit.	*Idem.*
	BIDON FILTREUR.	
	Bidon filtreur..............	Bon état.
	Sangle de fixation de la cartouche additionnelle.	*Idem.*
	Boucle de sangle de fixation.	*Idem.*
	Cordelette de la boite.......	*Idem.*
	Boucle et chapes...........	*Idem.*
	Bouchon et ficelle de l'orifice d'entrée d'air.	*Idem.*
	Cartouche additionnelle.....	Non rouillée.
	Viseurs de rechange (vitres en verre).	En bon état.
	Caisse de l'appareil..........	En bon état (ou pouvant être réparée).
	Charnière pour caisse.......	Bon état.
	Moraillons pour caisse.......	*Idem.*
	Passants de la sangle pour caisse.	*Idem.*
	Sangle.......................	*Idem.*
Appareil Tissot G. M.	Masque et tuyau même récupération que le Tissot P. M.	
	BIDON FILTREUR.	
	Bidon filtreur..............	Voir Tissot
	Cordelette du bidon filtreur.	Bon état.
	Bouchon de l'orifice d'entrée d'air.	*Idem.*
	Cartouche complémentaire...	*Idem.*
	Chapeaux des raccords filetés de la cartouche.	Non bosselés.
	Ficelle des chapeaux.........	En bon état.
	Boucles et chapes...........	*Idem.*
	Caisse en bois..............	En bon état (ou pouvant être réparée).
	Charnière et système de fermeture.	En bon état.
	Poignée en corde de la caisse.	*Idem.*
	Viseurs de rechange (vitres en verre).	*Idem.*

DÉSIGNATION des APPAREILS.	PIÈCES RÉCUPÉRABLES.	OBSERVATIONS.
Appareil Draeger.	Bouchon de l'embouchure avec lacet.	Bon état.
	Pince-narines avec lacet.....	*Idem.*
	Capuchon de pince-narines ..	*Idem.*
	Embouchure en caoutchouc.	*Idem.*
	Bec courbé du tube flexible.	*Idem.*
	Tube flexible caoutchouc....	Étanche.
	Raccord droit du tube flexible	Bon état.
	Bouteilles à oxygène (corps de bouteille).	Étanche.
	Robinet à vis de la bouteille.	Bon état.
	Capuchon métallique de la bouteille à oxygène.	*Idem.*
	Écrou à oreilles du boulon de la double pince.	*Idem.*
	Double pince avec contre-plaque.	*Idem.*
	Vis de fixation de la contre-plaque.	*Idem.*
	Raccord à trois branches....	*Idem.*
	Sac respiratoire en toile caoutchoutée.	Étanche.
	Crochet et ruban de fixation du sac respiratoire.	Bon état.
	Raccord du sac respiratoire..	*Idem.*
	Clef de démontage avec lacet.	*Idem.*
	Sangle de suspension	*Idem.*
	Ceinture	*Idem.*
	Mousqueton et boucle de réglage de la ceinture et de la sangle.	Non rouillé.
	Agrafe de fermeture de l'enveloppe.	Bon état.
	Boucle d'accrochage de la ceinture.	*Idem.*
	Enveloppe	*Idem.*
	Cartouche..................	*Idem.*
	LUNETTES.	
	Viseurs	Bon état.
	Fixe-vitres	Non rouillé.
	Rubans élastiques...........	Souple.
	Cordons.....................	Bon état.
	Loup	*Idem.*
	Pochette	Non déchirée.
	Bouton de la pochette	Bon état.
Appareil Fenzy P. M.	Bouchon de l'embouchure avec lacet.	Bon état.
	Pince-narines avec lacet	*Idem.*
	Capuchon de pince-narines ..	*Idem.*
	Embouchure.	*Idem.*
	Raccord coudé du tube souple.	*Idem.*
	Tube souple................	Étanche.

DÉSIGNATION des APPAREILS.	PIÈCES RÉCUPÉRABLES.	OBSERVATIONS.
Appareil Fenzy P. M. (Suite.)	Raccord droit du tube souple avec écrou oreilles.	Étanche.
	Canalisation	*Idem.*
	Bouchons à vis de la canalisation.	Bon état.
	Boucles jumelées de fixation des courroies de suspension.	*Idem.*
	Ardillon de boucles des courroies de suspension.	*Idem.*
	Capsules Sparklet	Non rouillées, étanches.
	Perforateur	En bon état.
	Joint en caoutchouc pour capsules Sparklet.	*Idem.*
	Vis de serrage	Filets en bon état.
	Sac respiratoire	Non percé.
	Raccord du sac	Bon état.
	Boîte métallique	Non percée.
	Couvercle de la boîte métallique.	Non percé.
	Passant de la poignée	En bon état.
	Poignée de portage en sangle.	*Idem.*
	Lunettes (Voir Draeger)	*Idem.*
	Cartouches	*Idem.*
Appareil Fenzy G. M.	Embouchure	Bon état
	Bouchon de l'embouchure	Souple.
	Pince-narines	Bon état.
	Capuchon en caoutchouc de pince-narines.	*Idem.*
	Appareil buccal	Étanche.
	Tubes souples	*Idem.*
	Raccords coudés des tubes souples.	Bon état.
	Chapeaux d'obturation	*Idem.*
	Chainette des chapeaux	*Idem.*
	Raccord mâle du tube souple d'inspiration.	*Idem.*
	Raccord mâle du tube souple d'expiration.	*Idem.*
	Tube souple (Int. de la caisse)	Étanche.
	Sac respiratoire	Non percé.
	Raccord à oreilles du sac à la cartouche.	Bon état.
	Récipient à salive	*Idem.*
	Raccord femelle coudé de la cartouche.	*Idem.*
	Tube en caoutchouc	Étanche.
	Collecteur	*Idem.*
	Bouteille à oxygène, corps de la bouteille.	*Idem.*
	Robinet à vis de la bouteille.	Bon état.
	Raccord réducteur de pression.	*Idem.*
	Tube en laiton	*Idem.*
	Pattes de fixation du tube en laiton.	*Idem.*
	Bretelles	*Idem.*

DÉSIGNATION des APPAREILS.	PIÈCES RÉCUPÉRABLES.	OBSERVATIONS.
Appareil Fenzy G. M. (Suite).	Boucles de bretelles avec ardillon.	Bon état.
	Boucle de fixation des bretelles et de la sangle.	Non rouillées.
	Ceinture	Bon état.
	Boucle de ceinture avec ardillons	*Idem.*
	Caisse	*Idem.*
	Couvercle en métal	*Idem.*
	Charnière du couvercle	*Idem.*
	Système de fermeture du couvercle.	*Idem.*
	Caisse de l'appareil	*Idem.*
	Système de fermeture de a caisse.	*Idem.*
	Lunettes (Voir lunettes Draeger).	*Idem.*
	Cartouche d'oxylithe	*Idem.*
Pulvérisateur Vermorel.	Couvercle	Bon état.
	Joint en caoutchouc du couvercle.	*Idem.*
	Grille de remplissage	Non défoncée.
	Bouton du trou de vidange	Bon état.
	Chapeau du réservoir	Non percé.
	Réservoir	*Idem.*
	Fond du réservoir, chambre à soupape en bronze.	*Idem.*
	Cloche à air	*Idem.*
	Valve centrale de refoulement	*Idem.*
	Vis de rondelle de soupapes	Filetage bon état.
	Rondelle soupape de refoulement en caoutchouc.	Souple.
	Rondelle soupape d'aspiration en caoutchouc.	*Idem.*
	Disque en caoutchouc ou en cuir.	Souple étanche.
	Rondelle de dessus du couvercle (cuivre).	En bon état.
	Rondelle de dessous du disque (acier).	*Idem.*
	Rondelle porte-palier en bronze.	*Idem.*
	Vis de serrage du disque	Filetage en bon état.
	Bielle en bronze	Bon état et filetage en bon état.
	Chapeau de la bielle	En bon état.
	Écrou six pans de la bielle	Filetage en bon état.
	Vis du chapeau de la bielle	*Idem.*
	Arbre coudé en acier	Non tordu.
	Levier de la pompe ou balancier.	Bon état.
	Écrou six pans de l'arbre coudé.	Filetage en bon état.
	Tubulure à oreilles	Bon état.
	Tuyau en caoutchouc	Non percé.

DÉSIGNATION des APPAREILS.	PIÈCES RÉCUPÉRABLES.	OBSERVATIONS.
Pulvérisateur Vermorel. (Suite.)	Robinet de lance...........	Bon état.
	Tube-poignée...............	Étanche.
	Grille-filtre de lance.........	Non-rouillée.
	Raccord mâle à oreilles......	Bon état.
	Tube de 0,40...............	*Idem.*
	Raccord mâle du jet........	*Idem.*
	Embout Besnard...........	*Idem.*
	Couvercle d'embout Besnard.	*Idem.*
	Bretelles en cuir............	Souples.
	Bretelles sangles............	Bon état.
	Crochet de bretelle.........	*Idem.*
	Boucles de bretelles.........	*Idem.*
	Boutons de bretelle.........	*Idem.*
	Clef tournevis en acier (pour démontage).	*Idem.*
Masque Decaux pour chevaux.	Ruban d'attache............	Bon état.
	Boucles de ruban d'attaches..	*Idem.*
	Crochets et boucles de bandes élastiques.	*Idem.*
	Bandes élastiques..........	Bonne élasticité.
	Carcasse métallique.........	Bon état.
	Crochet mobile de fixation du mors.	*Idem.*
	Support du crochet de fixation du mors.	*Idem.*
	Pochette en toile imperméable	*Idem.*
Effets spéciaux de protection.	Semelle des bottes de tranchée en toile huilée.	En bon état.

ANNEXE IV.

TARIF DES RÉPARATIONS.

I. RÉPARATION DU 1er DEGRÉ.

TARIFS.

	PRIX (1).	
	Matière.	Main-d'œuvre.
APPAREILS A. R. S.		
Désinfecter le masque	0f 03c	0f 01c
Remplacer les élastiques du système d'attache	0 85	0 15
Remplacer l'élastique du serre-nuque	0 30	0 15
Remplacer l'agrafe du serre-nuque	0 01	0 02
Remplacer la boucle du serre-nuque	0 01	0 02
Remplacer l'anneau semi-circulaire du serre-nuque	0 01	0 02
Remplacer le ruban de suspension	0 12	0 04
Consolider les coutures des élastiques	0 12	0 04
Enlever les souillures du masque	//	0 02
Remplacer les viseurs	0 30	0 01
Remplacer les fixe-vitres	0 10	0 01
Remplacer le protège-soupape	0 23	0 01
Remplacer la rondelle en caoutchouc du raccord femelle porte-cartouche	0 44	0 01
Remplacer la rondelle en caoutchouc de l'écrou fileté en laiton	0 44	0 01
Remplacer la cartouche	2 80	0 01
Renouveler la peinture de l'embase et de la cartouche en conservant les marques	0 05	0 10
Redresser la boîte métallique	//	0 03
Remplacer un passant de la boîte métallique	0 02	0 02
Remplacer le poussoir du couvercle de la boîte métallique	0 03	0 05
Repeindre la boîte métallique	0 10	0 02
Remplacer la sangle de la boîte métallique	0 85	0 03
Remplacer la patte d'attache de la boîte métallique	0 03	0 01
Remplacer le disque en carton portant le viseur de rechange	0 20	0 02
Refaire les coutures du parapluie de la bonnette	0 13	0 50

(1) Le prix de la main-d'œuvre n'est pas compté quand la réparation est effectuée dans un corps de troupe.

	PRIX (1).	
	Matière.	Main-d'œuvre.
Masque M2.		
Remplacer le ruban de serrage de la bonnette...	0 02	0 02
Remplacer un œillet de la bonnette............	0 01	0 02
Remplacer le molleton de la bonnette...........	3 00	0 20
Réparer la pochette d'une cartouche de rechange.	0 10	0 05
Remplacer la pochette d'une cartouche de rechange................................	0 25	0 05
Remplacer un grand couvercle en carton de la cartouche de rechange...................	0 35	0
Remplacer un petit couvercle en carton de la cartouche de rechange......................	0 22	0 01
Désinfecter le masque.........................	0 03	0 01
Remplacer les élastiques du système d'attache...	0 85	0 15
Remplacer l'élastique serre-nuque.............	0 30	0 15
Remplacer l'agrafe de serre-nuque.............	0 01	0 02
Remplacer la boucle de serre-nuque...........	0 01	0 02
Remplacer l'anneau semi-circulaire du serre-nuque......................................	0 01	0 02
Remplacer le ruban de position d'attente........	0 12	0 04
Consolider les coutures du système d'attache.....	0 10	0 05
Remplacer les viseurs.........................	0 30	0 01
Remplacer les fixe-vitres......................	0 10	0 01
Refaire les coutures de la pochette en tissu imperméable.....................................	0 03	0 10
Remplacer le ruban de la pochette.............	0 80	0 02
Redresser l'étui métallique....................	//	0 02
Remplacer un passant de l'étui métallique......	0 02	0 01
Repeindre l'étui métallique....................	0 10	0 01
Remplacer le cordeau de l'étui métallique.......	0 08	0 01
Remplacer la pochette.........................	0 45	0 05
Remplacer un bouton..........................	0 01	0 01
Appareil Tissot P.M.		
Désinfecter le masque.........................	0 03	0 01
Remplacer les vitres...........................	0 15	0 01
Remplacer les fixes-vitres.....................	0 10	0 01
Rendre son élasticité au masque en caoutchouc..	0 01	0 02
Boucher une petite perforation du masque en caoutchouc...............................	0 10	0 07
Remplacer l'écarteur..........................	0 46	0 05
Masque en tissu caoutchouté : changer les élastiques du système d'attache.................	0 85	0 15
Masque en tissu caoutchouté : remplacer l'élastique serre-nuque............................	0 30	0 15
Remplacer le protège-soupape..................	0 90	0 01
Remplacer un bouchon d'obturation d'œillère....	0 40	0 01

(1) Le prix de la main-d'œuvre n'est pas compté quand la réparation est effectuée dans un corps de troupe.

	PRIX (1)	
	Matière.	Main-d'œuvre.
Remplacer un bouchon d'obturation de tuyau....	0 60	0 01
Remplacer les ficelles d'attache des bouchons....	0 10	0 03
Remplacer un bouchon de bidon filtreur........	0 70	0 01
Enlever la rouille et le vert-de-gris de la tubulure multiple et du raccord-canette..............	//	0 02
Remplacer la rondelle de caoutchouc du raccord coudé ou du raccord-canette................	0 05	0 01
Dérouiller les ligatures du tuyau souple ou des tuyaux d'œillère.........................	//	0 04
Remplacer les cordelettes du bidon filtreur......	0 12	0 02
Remplacer les angles de la cartouche additionnelle..................................	1 00	0 15
Dérouiller le bidon filtreur..................	//	0 12
Repeindre le bidon filtreur et la tubulure du masque...........................	0 10	0 01
Réparer la caisse........................	1 00	0 10

Appareil Draeger.

Désinfecter l'embouchure....................	0 02	0 01
Remplacer le bouchon de l'embouchure.........	0 25	0 01
Remplacer les capuchons en caoutchouc des pince-narines..............................	0 18	0 02
Remplacer la sangle de suspension............	0 95	0 15
Remplacer la ceinture......................	0 95	0 15
Refaire les coutures de l'enveloppe...........	0 10	0 18
Refaire la poche de la clef..................	0 05	0 04
Remplacer l'enveloppe......................	10 00	0 35
Remplacer l'écrou à oreilles du boulon de la double-pince..........................	0 40	0 01
Remplacer une branche de la double-pince......	1 52	0 08
Remplacer les mousquetons de la sangle de suspension et de la ceinture..................	0 40	0 04
Remplacer un bouton à pression de l'enveloppe..	0 03	0 01
Remplacer la cartouche....................	8 50	0 02
Remplacer la bouteille à oxygène.............	28 00	0 01
Dérouiller la bouteille à oxygène et la repeindre.	0 10	0 10
Lunettes : remplacer les viseurs..............	0 30	0 01
Lunettes : remplacer le fil métallique..........	0 05	0 07
Lunettes : remplacer les brides d'attache.......	0 06	0 04

Appareils Fenzy P. M.

Désinfecter l'embouchure....................	0 02	0 01
Remplacer le bouchon de l'embouchure.........	0 25	0 01
Remplacer les capuchons en caoutchouc des pince-narines..............................	0 18	0 02

(1) Le prix de la main-d'œuvre n'est pas compté quand la réparation est effectuée dans un corps de troupe.

	PRIX (1)	
	Matière.	Main-d'œuvre.
Remplacer un perforateur	1 25	0 01
Remplacer le joint en caoutchouc du logement du col d'une capsule Sparklet	1 25	0 01
Remplacer la cartouche d'oxylithe	14 50	0 01
Remplacer les courroies de suspension	3 50	0 20
Remplacer une boucle de sangle	0 20	0 02
Redresser la boîte métallique	//	0 04
Ressouder un passant de la boîte métallique	0 03	0 02
Repeindre la boîte métallique	0 15	0 03
Remplacer le cordeau de la boîte métallique	0 35	0 02

(Pour les lunettes, voir : Appareil Draeger).

Appareil Fenzy G. M.

Désinfecter l'embouchure	0 02	0 01
Remplacer le bouchon de l'embouchure	0 32	0 03
Remplacer un chapeau d'obturation	0 60	0 01
Remplacer une chaînette de chapeau	0 05	0 01
Remplacer le chapeau du trou de vidange	0 05	0 01
Remplacer les pattes de fixation du tube en laiton	0 50	0 02
Remplacer une cartouche d'oxylithe	16 00	0 01
Remplacer la bouteille à oxygène	28 00	0 01
Dérouiller la bouteille à oxygène et la repeindre	0 10	0 10
Remplacer la ceinture	3 50	0 20
Remplacer une bretelle	1 70	0 18
Remplacer la boucle de la ceinture	0 30	0 03
Remplacer une boucle de bretelle	0 30	0 03
Redresser la caisse	//	0 30

(Pour les lunettes, voir : Appareil Draeger.)

Effets spéciaux de protection.

Refaire une couture et l'enduire, par décimètre linéaire	0 05	0 06
Remplacer une patte	0 02	0 02
Remplacer une tresse	0 02	0 02
Remplacer une corde	0 01	0 02
Remplacer une lanière	0 15	0 20
Remplacer une semelle	1 25	0 40
Reclouer une semelle	1 25	0 30
Réparer une botte en caoutchouc	//	0 30

Masque Decaux pour chevaux.

Refaire les coutures du masque	0 12	0 40
Refaire les coutures du ruban d'attache	0 03	0 10
Remplacer le ruban d'attache	0 45	0 08

(1) Le prix de la main-d'œuvre n'est par compté quand la réparation est effectuée dans un corps de troupe.

	PRIX (1).	
	Matière.	Main-d'œuvre
Remplacer une boucle du ruban d'attache	0 18	0 02
Remplacer le crochet plat du ruban d'attache	0 18	0 02
Remplacer une bande élastique	0 55	0 05
Remplacer un crochet de bande élastique	0 18	0 02
Remplacer un anneau de bande élastique	0 26	0 02
Remplacer un crochet mobile de fixation du mors.	0 65	0 05
Fixer une carcasse métallique	″	0 09
Dérouiller les parties métalliques	″	0 10
Refaire les coutures de la pochette formant étui du masque	0 08	0 20

Pulvérisateur Vermorel.

	Matière.	Main-d'œuvre
Nettoyer le pulvérisateur	0 07	0 8
Enduire l'intérieur de vernis au copal	0 25	0 10
Repeindre l'appareil	0 60	0 10
Remplacer le bouchon de vidange	1 00	0 01
Remplacer le couvercle (bouchon)	7 00	0 01
Remplacer la grille de remplissage	2 75	0 01
Remplacer l'arbre coudé	3 00	1 00
Remplacer l'écrou d'arbre coudé	0 25	0 10
Remplacer la goupille d'arbre coudé	0 05	0 05
Remplacer le levier	3 00	0 10
Remplacer la lance complète	15 00	0 50
Remplacer la grille de lance	0 50	0 03
Remplacer une rondelle joint	0 10	0 0[illegible]
Remplacer le tube-poignée avec robinet coudé	1 00	0 10
Remplacer le tube de lance avec ses deux raccords	1 00	0 05
Remplacer l'embout Besnard	0 75	0 05
Remplacer le couvercle d'embout	0 20	0 01
Remplacer la tubulure à oreilles	1 30	0 05
Remplacer le tuyau de caoutchouc	0 90	0 05
Remplacer une bretelle de cuir	3 60	0 10
Remplacer une bretelle sangle	1 40	0 10
Remplacer un bouton et un crochet de bretelle	0 60	0 40

II. RÉPARATIONS DU 2e DEGRÉ.

TARIFS.

Appareil A. R. S.

	PRIX (1).	
	Matière.	Main-d'œuvre.
Refaire les coutures du masque	0 05	0 10
Refaire les ligatures du masque sur l'embase	0 07	0 03

(1) Le prix de la main-d'œuvre n'est pas compté, quand la réparation est effectuée dans un corps de troupe.

	Prix (1). Matière.	Main-d'œuvre.
Remplacer le masque	12 25	1 00
Remplacer la soupape d'expiration	0 95	0 05
Remplacer l'entonnoir du dispositif antibuée	0 64	0 11
Remplacer le cylindre-ventouse de l'entonnoir du dispositif antibuée	0 10	0 03
Remplacer le loup en caoutchouc	0 65	0 35
Redresser l'embase	//	0 50
Remplacer l'écrou fileté en laiton	0 75	0 02
Refaire les soudures de l'embase	0 05	0 50
Remplacer les charnières de la boîte métallique	0 20	0 10

Masque M2.

Refaire les coutures du masque	0 05	0 10
Remplacer le loup en caoutchouc	0 65	0 35
Remplacer le parepluie	0 90	0 20

Appareil Tissot P. M.

Remplacer le masque en caoutchouc	5 69	0 60
Recoller les brides du masque	0 05	0 02
Masque en tissu : refaire les coutures	0 05	0 10
Masque en tissu : remplacer le loup en caoutchouc	0 65	0 35
Réparer un tuyau d'œillère	0 12	0 03
Refaire une ligature du masque	0 02	0 02
Refaire les soudures de la tubulure multiple	0 50	1 50
Redresser la pipe de la tubulure multiple	//	0 20
Remplacer la soupape d'expiration	2 00	0 75
Remplacer le tuyau souple	3 00	0 40
Remplacer le raccord coudé du tuyau	3 34	0 30
Remplacer l'écrou du raccord coudé	0 40	0 01
Remplacer le raccord droit du tuyau	1 50	0 30
Refaire les ligatures du tuyau	0 02	0 02
Remplacer la soupape d'inspiration	2 00	0 50
Ressouder le bidon filtreur	0 16	0 50
Remplacer une boucle du bidon filtreur	0 15	0 10
Remplacer une chape du bidon filtreur	0 03	0 10

Appareil Draeger.

Remplacer l'embouchure en caoutchouc	2 00	0 05
Remplacer une bague en caoutchouc couvre-ligature	0 10	0 01
Remplacer le tube flexible	3 00	0 10
Réparer le sac respiratoire	2 00	3 00
Remplacer le sac respiratoire	15 00	0 50
Ressouder la cartouche	0 15	0 50

(1) Le prix de la main-d'œuvre n'est pas compté quand la réparation est effectué dans un corps de troupe.

	PRIX[1].	
	Matière.	Main-d'œuvre.
Appareil Fenzy P. M.		
Remplacer l'embouchure	2 00	0 05
Remplacer le tube souple	3 00	0 19
Réparer le sac respiratoire	2 00	3 00
Remplacer le sac respiratoire	18 00	0 50
Revoir les filets d'une vis de pression	//	0 10
Remplacer une lanterne	4 00	5 00
Ressouder la cartouche	0 15	0 50
Appareil Fenzy G. M.		
Remplacer l'embouchure	2 00	0 05
Remplacer une soupape	0 02	0 45
Remplacer un tube souple	3 00	0 10
Remplacer l'appareil buccal	5 00	0 10
Remplacer un raccord coudé	3 90	0 10
Réparer le sac respiratoire	2 00	3 00
Remplacer le sac respiratoire	20 00	0 50
Remplacer le récipient à salive	3 50	0 02
Remplacer le raccord réducteur de pression	8 00	0 02
Ressouder la cartouche	0 20	0 60
Réparer la caisse	variable	
Pulvérisateur Vermorel.		
Remplacer le disque du couvercle	1 65	0 20
Remplacer une soupape	2 00	0 50
Roder le robinet	0 03	0 02
Remettre en état un pulvérisateur oxydé intérieurement	3 50	3 50

[1] Le prix de la main-d'œuvre n'est pas compté quand la réparation est effectuée dans un corps de troupe.

ANNEXE V.

COMMISSION DE RÉCEPTION
DES APPAREILS RÉPARÉS AU 2e DEGRÉ.

Les appareils présentés en recette sont classés par catégories d'appareils (A. R. S., M2, Tissot, etc.), chaque catégorie d'appareils constituant un lot.

1° Un lot est refusé *si l'un des défauts suivants est constaté sur un seul des appareils prélevés.*

A. Appareils A. R. S.

a. Existence de petits trous près des coutures ou près des ligatures du masque sur l'embase.

b. Couture non recouverte d'enduction ou de vernis violet (pour les appareils de la réserve de guerre, seulement).

c. Loup en mauvais état de conservation, œillère percée.

d. Viseur perforé ou monté à l'envers, ou dépourvu de la rondelle-joint en carton; fixe-vitre ne possédant pas toutes ses griffes (1 ou 2 griffes pouvant manquer dans les appareils d'instruction).

e. Corps de cartouche perforé.

Cartouche sans étoile noire (pour le matériel de réserve de guerre seulement).

f. Défaut d'étanchéité totale ou résistance à la respiration de la cartouche non comprise dans les limites réglementaires.

B. Masques M2.

a. Masque moisi.

b. Loup en mauvais état (visqueux ou décomposé).

c. Défectuosité aux viseurs et fixe-vitres (comme pour l'A. R. S.).

C. Appareils Tissot.

a. Masque ou tuyau d'œillère percé ou déchiré.

b. Vitre fendue, fixe-vitre ne portant pas toutes ses griffes (1 ou 2 griffes peuvent manquer dans les appareils d'instruction).

c. Fissure aux tubes d'arrivée et de sortie d'air.

d. Défaut d'étanchéité totale.

e. Résistance à la respiration supérieure à la limite admise.

D. Appareils Draeger.

a. Embouchure non collée sur le bec courbé.

b. Tube flexible perforé.

c. Cartouche en mauvais état ou ne portant pas au moins une bande de garantie.

d. Étanchéité du sac respiratoire.

e. Bouteille à oxygène dont la pression est inférieure à 75 kilogrammes ou le poids inférieur de plus de 20 grammes au poids marqué sur l'étiquette.

f. Raccord à 3 branches fissuré. — Raccord dépourvu de son joint en cuir.

E. Appareils Fenzy P. M.

a. Embouchure, tube flexible, raccords et sac respiratoire comme pour l'appareil Draeger.

b. Cartouche en mauvais état.

c. Capsule Sparklet à membrane perforée.

F. Appareils Fenzy G. M.

a. Mauvais état ou fonctionnement défectueux de l'appareil buccal.

b. Tube souple perforé.

c. Raccord non muni de sa rondelle d'étanchéité.

d. Bouteille à oxygène (comme pour l'appareil Draeger).

e. Non étanchéité du sac respiratoire.

f. Cartouche en mauvais état.

G. Effets spéciaux de protection.

Effets percés, déchirés ou décousus.

H. Masques Decaux pour chevaux.

Masque moisi.

I. Pulvérisateur Vermorel.

a. Corps d'appareil rouillé.

b. Grille de remplissage rouillée ou percée.

c. Bague en caoutchouc du couvercle en mauvais état.

d. Appareil ne satisfaisant pas à l'épreuve de fonctionnement.

2° Un lot est encore refusé si la Commission constate *sur plus de 10 p. 100 des appareils prélevés* un des défauts non mentionnés au paragraphe 1° ci-dessus, et signalés dans le chapitre de la présente Instruction relatif aux visites détaillées (IIe partie, chapitre II).

MODÈLES.

MINISTÈRE
DE LA GUERRE.

° CORPS D'ARMÉE
ou RÉGION.

° RÉGIMENT DE

SERVICE
DE L'ARTILLERIE

MODÈLE N° 1.

Instruction
du 18 juin 1925, art. 12.

SITUATION AU 1ER JUILLET 1925 DU MATÉRIEL DE PROTECTION CONTRE LES GAZ DE COMBAT.

(Matériel d'instruction.)

DÉSIGNATION du MATÉRIEL.	EXISTANT au 1er JANVIER 1925.	MOUVEMENTS AU COURS du semestre écoulé.		EXISTANT au 1er JUILLET 1925.	NÉCESSAIRE par APPLICATION des tableaux de dotation.	MATÉRIEL DEMANDÉ	OBSERVATIONS Si les mouvements sont importants les justifier dans cette colonne.
		Entrées.	Sorties.				
						(1).	
Appareil ARS.							
Masque M². . .							
Appareil Tissot P. M. . .							
Appareil Fenzy P. M. . . .							
Appareil Draeger							
Détecteur L. D.							
Pulvérisateur Vermorel . .							
Moufles (paire de).							
Bourgeron. . .							
Salopette. . . .							
Bottes de tranchée (paire de)							
Masques pour chevaux. . .							
Ampoule de bromure de benzyle. . . .							

(1) Dont tant avec viseurs armés.

A , le 19 .

Le Chef de Corps,

VÉRIFIÉ et transmis au Commandant du Parc d'artillerie régional de avec prière de donner satisfaction à la demande formulée sur la présente situation.

A , le 19 .

Le Général Commandant la ° Région,

MINISTÈRE
DE LA GUERRE.

° CORPS D'ARMÉE
ou RÉGION.

PARC D'ARTILLERIE
RÉGIONAL DE

MODÈLE N° 1 *bis*

Instruction
du 18 juin 1925, art. 12.

SERVICE DE L'ARTILLERIE

SITUATION AU 1ER JUILLET 1925
DU MATÉRIEL DE PROTECTION CONTRE LES GAZ DE COMBAT.

(*Matériel d'instruction.*)

DÉSIGNATION du MATÉRIEL.	EXISTANT au 1er janvier 1925.	MOUVEMENTS AU COURS du semestre.		EXISTANT au 1er juillet 1925.		DOTATION du PARC.	MATÉRIEL NÉCESSAIRE pour compléter la dotation du parc.	DEMANDES DES CORPS non satisfaites au 1er juillet 1925.	TOTAL DU MATÉRIEL demandé.	OBSERVATIONS. Justifier dans cette colonne les mouvements très importants de matériel.
		Entrées.	Sorties.	En bon état.	A réparer.					
Appareil A. R. S...										
Masques M2......										
Appareils Tissot P.M.										
Appareil Fenzy P.M.										
Appareil Draeger .										
Détecteur L.D.....										
Pulvérisateurs Vermorel.........										
Moufles (paire de).										
Bourgeron........										
Salopette.........										
Bottes de tranchées (paire de)......										
Masque pour chevaux										
Ampoule de bromure de benzyle.										

Vu et transmis au Ministre de la Guerre,
Direction de l'Artillerie, 2e bureau, 9e section.

A , le 19

Le Général Commandant la e région,

A , le 19

Le Commandant du Parc d'artillerie régional,

MINISTÈRE DE LA GUERRE.

CORPS D'ARMÉE ou RÉGION.

RÉGIMENT DE

PARC D'ARTILLERIE de

MODÈLE N° 2.

Instruction du 18 juin 1925, art. 4.

SERVICE DE L'ARTILLERIE

MATÉRIEL DE PROTECTION CONTRE LES GAZ DE COMBAT.

(1) { *Matériel d'instruction.*
Matériel de mobilisation.

Compte rendu de la visite annuelle.

(Période du 1er janvier au 31 décembre 19 .)

1° *Réparations au 1er degré.*

MODÈLE de L'APPAREIL.	NOMBRE D'APPAREILS en compte au corps.	RÉPARATION PAR L'ATELIER Z DU 1er DEGRÉ.				OBSERVATIONS de L'OFFICIER Z de Corps d'armée (éventuellement).
		Genre de réparation.	Nombre d'appareils classés à réparer.	Nombre d'appareils réparés.	Nombre d'appareils restant à réparer.	

2° *Réparations au 2e degré.*

(Matériel envoyé à , Parc d'artillerie régional.)

DÉSIGNATION des APPAREILS.	GENRE de RÉPARATIONS à faire.	NOMBRE D'APPAREILS envoyés en réparation.	NOMBRE D'APPAREILS reçus.	NOMBRE D'APPAREILS restant à recevoir (2).	OBSERVATIONS DE L'OFFICIER Z de Corps d'armée (éventuellement).

Vu : *L'Officier chargé du matériel,* Vu : *L'Officier Z,*

Vu et transmis au Général Commandant la e Région.

Le Chef de Corps,

---

(1) Barrer celle des deux mentions qui est inutile (voir art. 9).

(2) Y compris les appareils envoyés au cours de l'année précédente et non encore remplacés.

MINISTÈRE DE LA GUERRE.

Modèle N° 3.

Instruction du 18 juin 1925, art. 17.

* CORPS D'ARMÉE ou RÉGION.

* RÉGIMENT DE (Unité) :

N° (1).

SERVICE DE L'ARTILLERIE

MATÉRIEL DE PROTECTION CONTRE LES GAZ DE COMBAT.

(2) { *Matériel d'instruction.*
Matériel de mobilisation.

BULLETIN des réparations à exécuter au matériel de protection contre les gaz de combat.

DÉSIGNATION des APPAREILS.	NOMS des DÉTENTEURS ou numéro d'ordre (3)	DÉTAIL des RÉPARATIONS. (4)		IMPUTATION (5) de la RÉPARATION.	TARIF des RÉPARATIONS du compte		OBSERVATIONS.
		1er degré.	2e degré.		des fonds particuliers	de l'État.	
1	2	3	4	5	6	7	8
		I. Appareils de protection affectés à des hommes.					
Appareils A. R. S.	PIERRE, N° mle.	Désinfecter le masque.	....	E	"	0,03	
Appareils A. R. S.	LOUIS, N° mle.	....	Redresser l'embase.	C	0,50	"	
Masque M².	PAUL, N° mle.	Remplacer les viseurs.	....	E	"	0,31	
		II. Appareils de protection non affectés à des hommes.					
Appareils Tissot.	1	Réparer la caisse.	....	C	1,10	"	
Appareils Tissot.	2	....	Remplacer l'écrou du raccord coudé.	E	"	0,41	
Appareils Tissot.	3	Dérouiller le bidon filtreur.	....	E	"	0,12	
				TOTAL.	1,60	0,87	

Vu : *L'Officier Z*, A , le 19 . (6)
Vu : *L'Officier chargé du matériel*, *Le Capitaine commandant*,

(1) Numéro d'ordre trimestriel à inscrire par l'officier Z.
(2) Rayer celle des deux mentions qui est inutile (voir art. 9).
(3) Le nom du détenteur est remplacé par un numéro d'ordre pour les appareils non affectés à des hommes.
(4) Une ligne par réparation. Toutefois certaines opérations (désinfecter les masques, repeindre les boîtes, etc.) peuvent être groupées sur une seule ligne.
(5) Mettre dans cette colonne la lettre C ou la lettre E suivant que la réparation est imputable aux fonds particuliers du corps ou à l'État.
(6) Pour les bulletins relatifs au matériel de mobilisation remplacer l'attache du Commandant de l'unité par celle de l'officier chargé du matériel.

MINISTÈRE
DE LA GUERRE.

e CORPS D'ARMÉE
ou RÉGION.

RÉGIMENT DE

SERVICE
DE L'ARTILLERIE

MODÈLE N° 4.

Instruction
du 18 juin 1925, art. 17.

MATÉRIEL DE PROTECTION
CONTRE LES GAZ DE COMBAT.

(1) { *Matériel d'instruction.*
Matériel de mobilisation.

ÉTAT des appareils de protection contre les gaz de combat dont les réparations ne peuvent être exécutées par l'atelier Z (2).

DÉSIGNATION des APPAREILS.	UNITÉS ADMINISTRATIVES.	MOTIF de L'ENVOI.	NATURE ET TARIF de l'imputation (C ou E).	OBSERVATIONS.
				NOTA. — Les parcs d'artillerie n'ont pas à intervenir dans le recouvrement des imputations.

ARRÊTÉ le présent état à appareils A. R. S.
appareils Tissot.
etc.

A remplacer par le Parc d'artillerie régional de

A , le 19 .

L'Officier chargé du matériel,

VU :

Les Membres
du Conseil d'Administration,

(1) Rayer celle des deux mentions qui est inutile (voir art. 9).
(2) Ce modèle est à reproduire sur feuille double.

MINISTÈRE
DE LA GUERRE.

MODÈLE N° 5.

Instruction
du 18 juin 1925, art. 23.

° CORPS D'ARMÉE
ou RÉGION.

° DIVISION.

Place de

Mois de

N° au répertoire
du
Sous-Intendant militaire

SERVICE
DE L'ARTILLERIE

MATÉRIEL DE PROTECTION
CONTRE LES GAZ DE COMBAT.

(1) { *Matériel d'instruction.*
Matériel de mobilisation.

RÉGIMENT

PROCÈS-VERBAL
DE DÉTÉRIORATION PAR CAS DE FORCE MAJEURE.

L'an mil neuf cent , le , nous, Sous-Intendant militaire chargé de la surveillance administrative du ° Régiment d' , constatons sur le rapport du Capitaine Commandant le , visé par le Conseil d'Administration dudit corps, que les objets ci-après désignés ont été détériorés dans les circonstances suivantes (2) :

DÉSIGNATION du MATÉRIEL.	DÉTAIL des RÉPARATIONS.	PRIX.	MONTANT.	OBSERVATIONS.
		TOTAL. .		

Vu l'avis émis par le Conseil d'administration, nous estimons que le montant des réparations ci-dessus doit être laissé à la charge de l'État.

A , le 19 .
Le Sous-Intendant militaire,

N° APPROUVÉ (3) :
A , le 19 .
L'Intendant militaire du Corps d'armée,

APPROUVÉ :
Paris, le 19 .
Le Ministre de la Guerre,

(1) Rayer celle des deux mentions qui est inutile (voir art. 9).

(2) Indiquer d'une manière détaillée l'événement de force majeure qui a causé la détérioration.

(3) Si le procès-verbal doit être soumis à l'approbation du Ministre de la Guerre, l'Intendant militaire formule des observations et propositions ou ajoute simplement : « Approuvé les conclusions du Sous-Intendant militaire et transmis à M. le Ministre de la Guerre. »

MINISTÈRE
DE LA GUERRE.

MODÈLE N° 6

Instruction
du 18 juin 1925, art. 24.

e CORPS D'ARMÉE
OU RÉGION.

e RÉGIMENT
d

SERVICE
DE L'ARTILLERIE.

MATÉRIEL DE PROTECTION CONTRE LES GAZ DE COMBAT.

CARNET

POUR

SERVIR À L'ENREGISTREMENT DES BULLETINS DE RÉPARATIONS[1].

[1] Il est établi un carnet spécial pour le matériel d'instruction et un carnet pour le matériel de mobilisation.

NUMÉROS DE SÉRIE trimestriels du bulletin.	NUMÉRO de LA COMPAGNIE, de l'escadron ou de la batterie.	A. R. S.	M2.	TISSOT.	VERMOREL.	DRAEGER.			FENZY.	APPAREILS RÉPARÉS.	MONTANT DES RÉPARATIONS			PIÈCES de RECHANGE employées.	OBSERVATIONS.
											au compte de l'État.	au compte du Corps.	TOTAL.		

MINISTÈRE
DE LA GUERRE.

CORPS D'ARMÉE
OU RÉGION.

PARC D'ARTILLERIE
RÉGIONAL
d

MODÈLE N° 7

Instruction
du 18 juin 1925, art. 19.

SERVICE
DE L'ARTILLERIE.

MATÉRIEL DE PROTECTION
CONTRE LES GAZ DE COMBAT.

(1) { *Matériel d'instruction.*
Matériel de mobilisation.

ÉTAT CONCERNANT LES RÉPARATIONS
du 1er janvier au 1er décembre 19

1re PARTIE.

RÉSUMÉ DES OPÉRATIONS DE RÉPARATIONS.

DÉSIGNATION des APPAREILS.	REÇUS.	REMPLACÉS.	RÉPARÉS.	NON RÉPARÉS. À RÉPARER.	NON RÉPARÉS. À RÉFORMER.	NON RÉPARÉS. À ENVOYER À L'ENTREPÔT de réserve générale de matériel d'Aubervilliers.	APPAREILS de la réserve de guerre classés appareils d'instruction (2).	OBSERVATIONS.
RÉGIMENT DE								
Appareils A. R. S.								
Masques M2.								
Appareils Tissot								
....								
RÉGIMENT DE								
Appareils A. R. S.								
Masques M2.								
....								

(1) Barrer celle des deux mentions qui est inutile.
(2) Cette colonne n'est à remplir que sur l'état relatif au matériel de mobilisation.

2e PARTIE

Observations du Commandant du Parc d'artillerie régional sur les réparations présentant un caractère typique de nature à révéler, soit une défectuosité du matériel, soit un défaut systématique d'entretien de la part de certains détenteurs.

A le 192 .

Le Commandant du Parc.

DESTINATAIRES :
Ministre de la Guerre,
Direction de l'Artillerie.
2e bureau, 9e section.

MINISTÈRE DE LA GUERRE.

RÉGION.

PARC D'ARTILLERIE RÉGIONAL.

MODÈLE N° 8.

Instruction du 18 juin 1925, art. 21, 27, 42.

SERVICE DE L'ARTILLERIE.

MATÉRIEL DE PROTECTION CONTRE LES GAZ DE COMBAT.

ÉTAT DE RENSEIGNEMENTS

concernant le matériel expédié à l'Entrepôt de réserve générale de matériel d'Aubervilliers (Laboratoire de contrôle.)

Expédition du

Ordre n°

DÉSIGNATION du MATÉRIEL.	NUMÉROS D'ORDRE portés sur les étiquettes. (a)	ORIGINE DES APPAREILS ou éléments d'appareils (Réserve de guerre ou instruction.) Rechanges. Conditions de storkage. Corps d'affectation s'il y a lieu.	RELEVÉ DES MARQUES de fabrication portées sur les appareils ou éléments.	PARTICULARITÉS CONSTATÉES par l'officier Z de corps d'armée ou par le parc.	ÉPREUVES SUBIES par le matériel au laboratoire de l'atelier Z2 du parc.	RÉSULTATS OBTENUS.	ÉPREUVES SUBIES au laboratoire de contrôle de l'Entrepôt de réserve générale de matériel d'Aubervilliers. (b)	RÉSULTATS OBTENUS.	INDICATIONS RÉSULTANT de l'ensemble des épreuves effectuées et des constatations faites.	OBSERVATIONS. (c)
1	2	3	4	5	6	7	8	9	10	11
I. Prélèvements opérés par la Commission spéciale de réception du matériel réparé.										
II. Prélèvements effectués par l'officier Z de corps d'armée et signalés au parc d'artillerie régional comme devant être envoyés au laboratoire de contrôle de l'entrepôt de réserve générale de matériel d'Aubervilliers.										
III. Prélèvements opérés par l'atelier Z2 sur le matériel soumis à des épreuves spéciales.										

(a) Les étiquettes fixées aux appareils devront reproduire les renseignements portés dans la colonne 3 du présent état.

(b) Le laboratoire de contrôle de l'Entrepôt de réserve générale de matériel d'Aubervilliers devra effectuer obligatoirement toutes les épreuves faites par le laboratoire du parc expéditeur et effectuera en outre toutes épreuves supplémentaires qui paraîtront nécessaires.

(c) Mentionner dans cette colonne les appareils ou éléments soumis à des épreuves complémentaires.

Aubervilliers, le

Le Directeur de l'Entrepôt de réserve générale de matériel d'Aubervilliers,

, le 19

Le Commandant du parc d'artillerie régional.

BIBLIOTHÈQUE NATIONALE IMPRIMÉS

www.ingramcontent.com/pod-product-compliance
Ingram Content Group UK Ltd.
Pitfield, Milton Keynes, MK11 3LW, UK
UKHW020557180726
13838UKWH00001B/298

9 782329 043852